基于政策网络的
中国教育政策研究

邓 凡／著

知识产权出版社

全国百佳图书出版单位

——北京——

图书在版编目（CIP）数据

基于政策网络的中国教育政策研究/邓凡著. —北京：知识产权出版社，2020.12
ISBN 978 - 7 - 5130 - 7242 - 7

Ⅰ.①基… Ⅱ.①邓… Ⅲ.①教育政策—研究—中国 Ⅳ.①G520

中国版本图书馆 CIP 数据核字（2020）第 199280 号

内容提要

本书集纳了作者近十多年来对中国教育政策研究的成果，特别是政策网络理论在教育政策研究中的应用，把政策网络理论与中国具体的教育政策实践相结合，运用结构－功能分析法建立教育政策执行的网络模式，分析教育政策网络中教育政策工具的选择、如何更好地实现公共教育利益，以及我国教育政策的热点问题，揭示教育政策过程的本质，为教育政策相关研究者提供一定的参考和借鉴。

责任编辑：王志茹　　　　　　　　　　　责任印制：孙婷婷

基于政策网络的中国教育政策研究
JIYU ZHENGCE WANGLUO DE ZHONGGUO JIAOYU ZHENGCE YANJIU
邓　凡　著

出版发行：知识产权出版社有限责任公司	网　址：http://www.ipph.cn
电　话：010 - 82004826	http://www.laichushu.com
社　址：北京市海淀区气象路 50 号院	邮　编：100081
责编电话：010 - 82000860 转 8761	责编邮箱：laichushu@cnipr.com
发行电话：010 - 82000860 转 8101	发行传真：010 - 82000893
印　刷：北京中献拓方科技发展有限公司	经　销：各大网上书店、新华书店及相关专业书店
开　本：880mm×1230mm　1/32	印　张：5.5
版　次：2020 年 12 月第 1 版	印　次：2020 年 12 月第 1 次印刷
字　数：124 千字	定　价：36.00 元

ISBN 978-7-5130-7242-7

自　序

在科技高速发展的今天，世界正处于托马斯·弗里德曼（Thomas Loren Friedman）所说的"世界是平的"状态。人们的生活、公共事务的管理等都被重新塑造，彼此交织得像一张网，世界从此也越来越复杂。在纷繁复杂的态势下，公共事务的管理显得格外艰难。对决策者而言，挑战无时不在、无处不在，稍微出点儿差错就可能引起"蝴蝶效应"。作为国家管理公共事务的工具，政策从来没有像今天这样重要。

政策，除了关注国际事务之外，应更多关注国内事务，而民生更是国内事务的重中之重。习近平总书记曾经指出："我们的人民热爱生活，期盼有更好的教育、更稳定的工作、更满意的收入、更可靠的社会保障、更高水平的医疗卫生服务、更舒适的居住条件、更优美的环境，期盼孩子们能成长得更好、工作得更好、生活得更好。人民对美好生活的向往，就是我们的奋斗目标。"当前，民生问题主要集中在教育、医疗和住房三个方面。而教育首当其冲，因为教育强则国家强，教育不仅关系每一个人的发展，而且关乎国家的命运。历史证明，一个重视教育的国家才不会衰败。

教育政策作为公共政策的一种，不仅具有其他公共政策的公共性，而且具有教育性特征。因为其教育性涉及每一个人，所以在教育决策时会存在一定的困难。近十年来，无论是教育决策者还是教育学人，都注意到教育政策研究的重要性。越来越多的高校陆续开设教育政策学专业，或在相关专业下设教育政策学研究方向，更有越来越多的教育政策研究智库建立，如中国教育政策研究院等。同时，近年来，教育政策实践领域里的一些问题既关系个人的受教育权，又关系教育行政部门的教育权，需要运用相关的政策手段去解决。

虽然我国教育政策研究的范围很广，但是多数研究只是关注某些具体的教育政策，而对教育政策理论的研究不多。一方面可能因为关于教育政策的理论研究不是目前学术研究的热点；另一方面可能因为理论上的创新存在一定困难。但是，有困难并不表明不需要，事实上教育政策理论的研究是非常必要的。我国的教育政策研究起步于 20 世纪 80 年代，研究基础还比较薄弱。近些年，通过学人的不断努力，教育政策研究在理论与实践上都有很大的发展。

不同学科之间的合作、相互学习有利于研究的长足发展。教育学自诞生之日起就不断受到其他学科的影响，如哲学、心理学、社会学。这些学科的发展也对教育学的发展具有至关重要的作用。教育政策也是如此，受公共政策和行政学的影响较大，因此教育政策学在发展过程中吸收其他学科的知识是必要的，而且与不同文化的交流对研究也是有益的。中华人民共和国成立以来，很多学科积极借鉴西方的学科理论，教育政策研究也做了一些尝试，但是在学习借鉴同时，要结合我国的政策环境和文化，而不能简单地照搬套用，那样将对教育决策没有益处。

近十多年来，笔者在从事教育政策研究过程中，既关注教育政策实践，主持完成教育部的青年课题，并成功申报国家社科基金教育学一般项目，又关注教育政策理论，如政策网络等。政策网络作为政策科学的前沿理论，打破了对教育政策研究的传统方法——功能分析法，更强调关系、结构等因素在教育政策中的重要作用。笔者在研究政策网络理论的过程中，结合中国的政策环境和文化，构建了教育政策执行的网络模式，运用政策网络分析的方法对中国具体的教育政策进行分析，更好地解释教育政策执行的本质。本书集纳了笔者在过去十多年里研究的一些成果，有些成果已在相关的学术期刊上发表，权当自己对教育政策研究的阶段总结。

当然，学术研究并不是一件容易的事情，不可能一蹴而就，而需要日积月累、厚积薄发。教育政策研究相比其他教育学科研究更为复杂，受到政治、经济、文化和社会等因素影响，更需要批判性思维和系统性思维，而且直接影响教育实践。如果在教育政策建议上稍有不慎，甚至可能直接影响教育的发展。学术研究需要不断地讨论、批判。书中也有许多观点值得商榷，欢迎学界学人给予批评、指正，以此谢过！

邓　凡

2020 年 6 月

目　录

教育政策如何关注民生

民生问题永远是社会的热门话题。据 21 世纪教育研究院发布的《中国在家上学研究报告（2013）》（以下简称"《报告》"）显示，在中国约有 1.8 万名学生"叛逃"学校，选择"在家上学"，"叛逃"的原因是大多数家庭不认同学校的教育理念。❶ 这份报告的发布立即引起民众对"在家上学"的热议。有人认为，"在家上学"这一教育模式违反了《义务教育法》；也有人认为，"在家上学"是教育需求多元化的一种表现，是对学校教育的丰富和补充，增加了教育的多样性和选择性。

　　为何有学生"叛逃"学校并选择"在家上学"？根据《报告》调查的结果来看，大部分"叛逃"的原因跟学校有关。我们应该看到，当前的学校教育存在一定的问题，在某些方面无法满足学生对教育的多样化需求，但从另一方面来说国家对"在家上学"没有明确的法律规定。虽然我国《义务教育法》规定适龄儿童必须入学接受义务教育，但是为什么还有人甘愿冒着"违法"的风险而选择更"适合"自己的教育方式。我们的教育政策究竟遇到了什么问题呢？从教育政策的角度来看，类似"在家上学"现象的教育问题大多是民众比较关心且与其切身利益相关的教育方面的民生

---

❶　王文斌.1.8 万学生在家上学［N］. 北京晨报，2013－08－25（A07）.

问题。教育政策作为公共政策的一部分，关注教育领域里的民生问题是其根本责任所在。

一、民生与教育民生

民生是一个非常古老的概念。"民生"一词最早出现于《左传·宣公十二年》，"民生在勤，勤则不匮"中的"民"就是民众。在历史的长河中，只要稍微有些政治智慧、历史常识的统治者都会重视民生问题。所谓"民为国之本，本固则国宁"，就是说民众是国家根本之所在，民众的问题解决好，国家才会稳定和谐。

何谓"民生"呢？一般来说，民生就是人民的生活、生计问题，包括衣、食、住、行、用，生、老、病、残、死等方面。但是，随着时代的发展，人们为"民生"赋予了新的内涵。有学者指出，民生的内涵应具有时代性，民生"指的是广大人民群众的生存权、发展权、享受权，体现在人民的物质生活、政治生活、文化生活、社会生活中"❶。其实，民生是一个复杂庞大的系统问题。从纵向来看，它包括从人的出生到生命终结的整个历程；从横向来看，它由物质生活、政治生活、文化生活、社会生活等组成，共同满足人类生存、发展和享受的需要，包括民众所需要的生存权、受教育权等。当然，人们首先要满足衣、食、住、行等问题，但

❶ 唐眉江. 民生的时代内涵及其实现途径［J］. 山西师大学报（社会科学版），2009（5）：38－40.

又不能只满足于衣、食、住、行，还要追求自身的发展，所以民生是一个涉及民众生存和发展的问题。生存主要是指民众的衣、食、住、行等问题，而发展更多的是指文化、教育等精神生活方面的问题。

毋庸置疑，教育是一个民生问题，不仅关系人们的生存，更影响自身的发展。近年来，在民生问题中，人们对教育的关注远远多于其他民生问题。在全国"两会"政府工作报告中，教育被放在民生问题的首位。这一方面说明国家对教育的重视，另一方面说明教育在人们生活中的重要地位。那么，何为教育民生，或者说教育中的民生问题有哪些？我们知道，民生问题是人民群众最关心、最直接、最现实的利益问题，关乎社会的稳定发展和民众的切身利益。通常来讲，教育领域里的问题无外乎教育权、受教育权、教育资源等。那么，教育民生问题其实就是当前人们最关心的关于教育权、受教育权、教育资源等方面的问题。比如，进城务工人员子女的义务教育问题就是一个既关乎教育权又关乎受教育权、教育资源分配的教育民生问题；"在家上学"现象也是一个教育民生问题，是一个教育选择权的问题，也是一个受教育权与国家教育权方面的问题。

教育公平是社会公平的重要方面，也是推动社会公平的重要力量。党的十八大报告把教育放在改善民生和加强社会建设之首，提出要"大力促进教育公平，合理配置教育资源""让每个孩子都能成为有用之才"。要实现教育公平，就要关注教育民生，大力改善教育民生。《国家中长期教育改革和发展规划纲要（2010—2020 年)》颁布后，一系列政策也说明只有关注教育民生、大力改善民生，才能更好地促进教育公平的实现。教育公平与教育民生之间具有不可割裂的关系。教育中的不公平因素不仅限制人的发展，而且影响教育民生的改善，所以要不断减少教育中的不公平因素、真正改善民生，才能逐步实现"努力办好人民满意的教育"的目标。

二、教育政策关注民生的必要性

（一）解决民生问题是政府的首要职责

社会性公共服务是传统政府由管制型、全能型政府向现代政府转化的重要标志之一。社会性公共服务就是政府满足社会公共需要、提供公共产品的服务行为。古语有云："民惟邦本，本固邦宁。"也就是说，只有以百姓为国家的根本，根本稳固了，国家就安宁了。百姓的安居乐业其实就是社会性公共服务的问题，也是与民众的利益密切相关且是其更关心的民生问题，是各级政府工作首先应该关注的。有学者指出，"民生问题首先表现为社会问题、经济问题，但民生背后彰显的更多的却是政治问题"❶。因为民生问题反映的是政府提供公共服务的能力和行为，民生问题能否得到解决，

---

❶ 李红珍，曹文宏. 政治学视野下的民生问题 ［J］. 山西高等学校社会科学学报，2003（3）：14－16.

不仅与政府在一定时期的公共服务提供能力有关，也与政府的行为有关。好的政府行为比较规范，其公共服务提供能力比较强，由民生而反映的社会问题就会比较少，政府的行政行为和能力就会得到公众的认可；反之，则可能是另一种情况，所以政府需要有识别和解决民生问题的能力。在现代公共管理理念下，政府对公共服务需求的识别能力、公共服务的提供能力和学习成长能力，已经成为衡量政府能力的三大核心要素。

洪兰友在《社会救济法的立法精神》一文中指出："人民之于国家，休戚相关，患难与共，其于救济事业，自当视为政府对于人民应尽之责任。"可见，在现代社会，满足人民基本的生活需要是政府的重要责任。自党的十六大以来，"民生"二字逐渐成为社会的主流话语，成为各级政府各项工作的主题。党的十七大、十八大报告中先后强调，"加快推进以改善民生为重点的社会建设""在改善民生和创新管理中加强社会建设"，而教育更是改善民生的重要领域。党的十八大报告通篇强调以保障和改善民生为重点，提出"要多谋民生之利，多解民生之忧，解决好人民最关心最直接最现实的利益问题，在学有所教、劳有所得、病有所医、老有所养、住有所居上持续取得新进展，努力让人民过上更好生活"。"学有所教"就是民众最直接、最现实的利益，也是该报告提出"努力办好人民满意的教育"目标的主要体现。教育政策关注民生，符合我国"关注民生、以人为本"的执政背景和理念，也是政府有关部门的重要职责之一。

（二）民生是公共政策的价值取向之一

公共政策的创始人之一哈罗德·拉斯维尔（Harold Dwight Lasswell，1951）认为，"公共政策是一项含有目标、价值和策略的大型计划"❶。该定义不仅肯定了政策的目标性，更强调了政策的价值特征，即公共政策应该关注合法性、合理性和公正性等社会价值。政治学者戴维·伊斯顿（David Easton，1981）则认为，"公共政策是对全社会价值的权威分配"❷。这说明价值问题不仅是公共政策存在的合理性基础，更是政府依据社会价值对物质资源领域的分配，也是公共政策本身应该研究的对象。公共决策的科学化、法制化和民主化是我国政治体制改革和社会主义民主政治建设的一个基本任务或目标，主要涉及公共政策的技术和优化过程及价值取向、实现途径问题。公共政策作为国家治理社会的工具之一，具有公共性特征，其关注的对象必然是整个社会的公共事务。这些公共事务大多与民众的生存、生活与发展相关，如文化、教育、医疗卫生等。公共政策自身的特征决定了其必须关注民生。

教育政策作为公共政策的一部分，应关注整个国家的教育现实，必须为国家和人民的教育服务。教育政策除具有公

---

❶ LASSWELL H D，KAPLAN. Power and society［M］. New York：McGraw - Hill Book Co.，1963：70.

❷ 戴维·伊斯顿. 政治生活的系统分析［M］. 王浦劬，译. 北京：华夏出版社，1999：125.

共政策所共有的特性之外，还具有教育性特征。这就要求教育政策必须遵循教育的发展规律，要"以人为本"。"以人为本"是教育政策的价值基础之一，要求教育政策在实践中尊重人，尊重和保护人的尊严、权利和个性等。这就要求教育政策要关注受教育者的受教育权、受保护权、就业权等。这些权利不仅是教育领域里的民生问题，而且是整个社会的民生问题。因此，教育政策作为公共政策的一部分，必须关注民生。

中华人民共和国成立之初，教育被认为是关系"国计"的一项工作。改革开放以后，教育逐渐被作为一项社会事业。从历年的全国"两会"政府工作报告中可以看出，教育政策的价值取向逐渐转向以解决人民群众最关心、最直接、最现实的利益问题为宗旨的"民生"，如2004年、2005年、2006年的全国"两会"政府工作报告中持续关注"上学难、上学贵"问题，并相继提出要完成西部地区"两基"攻坚、解决进城务工人员子女上学和城市低收入家庭子女上学困难等问题。这些都表明教育政策价值取向的转变。在2010年7月召开的全国教育工作会议上，胡锦涛讲话指出："教育是国计，也是民生；教育是今天，更是明天。"此后的《国家中长期教育改革和发展规划纲要（2010—2020年）》指出："教育是民族振兴、社会进步的基石，是提高国民素质、促进人的全面发展的根本途径，寄托着亿万家庭对美好生活的期盼。"这表明民生已经成为国家教育政策的价值取向，因此教育政策必须关注民生。

（三）关注民生是公平性教育政策的重要体现

教育公平是教育发展的瓶颈之一，也是教育政策的价值基础。教育政策的公平首先需要尊重教育活动的特点，重视民众教育利益的差异性，致力于提供多样化、可选择的教育。从教育本身的特殊性出发，约翰·罗尔斯（John Rawls）的公平正义理论经常被表述为教育公平的一般原则。简单来说，约翰·罗尔斯的公平正义理论可以概括为平等的自由原则和差异原则，即"第一原则，每个人对与其他人所拥有的最广泛的基本自由体系相容的类似自由体系都应有一种平等的权利；第二原则，社会的和经济的不平等应该这样安排，使它们被合理地期望适合于每一个人的利益，并且依系于地位和职务向所有人开放"❶。也就是说，公平正义需要给予人们一般的平等，也要对社会和经济处于弱势的人群进行一定的补偿，如对贫困人口、进城务工人员子女等进行一定的社会补偿，从而实现多数人的教育利益最大化。在某种程度上，教育政策的公平性正体现在最广大人民群众的教育利益是否得以实现，而民生问题正是最广大人民群众关心的与其利益密切相关的问题。只有解决好最广大人民群众所关心的问题，才能解决好教育领域的民生问题。

---

❶ 约翰·罗尔斯. 正义论［M］. 何怀宏，何包钢，廖申白，译. 北京：中国社会科学出版社，1988：60–61.

（四）教育的民生现状决定教育政策必须关注民生

近年来，教育领域里存在一些问题，如异地高考、在家上学等。这些问题都与人民群众的切身利益相关，是他们迫切希望得到解决的民生问题。我国的教育政策决策模式多为精英决策模式，在教育政策制定过程中民众参与不多，一些关系民生的教育政策未能落到实处等。这些教育现状要求教育政策必须关注民生。

教育政策制定中民众参与不多。在我国，自上而下的教育政策决策模式占主导地位。近年来，在我国的教育政策制定中也能听到民众的声音。如果一项公共政策能够较好地反映民众的利益，那么该项公共政策可能获得更多的支持，反之该项公共政策可能在执行中遇到阻碍。因此，解决教育领域里的民生问题需要反映民众的利益，这样才能更好地发挥公共政策的效力。

三、如何使教育政策关注民生

（一）完善教育民生政策体系

"坚持发展为了人民、发展依靠人民、发展成果由人民共享，切实解决人民群众最关心、最直接、最现实的利益问题"是我国新时期的执政理念。教育问题作为我国重要的民生问题之一，必须建立完善的公共教育政策服务体系。要实现党的十七大报告中所提出的"学有所教、劳有所得、病有所医、老有所养、住有所居"的目标,政府必须通过调控,采取综合的教育政策和手段,建立有效的教育利益分配和保障机制,使民众真正能"学有所教"。这是政府有关部门的责任,也是教育政策的目标。我国教育领域里的一些民生问题主要源于教育民生政策体系还需要完善,如部分学生"在家上学"现象的出现,主要是因为可供选择的多元教育体系尚待完善。当然,教育民生政策体系的完善是一个长期的过程,需要教育政策制定主体对教育民生问题保持敏感并长期关注,做出符合广大人民群众教育利益的决策,切实为他们的教育需求服务。

(二)解决教育民生政策执行的梗阻问题

教育政策执行梗阻主要是指教育政策在执行过程中,受到教育政策主体和客体的某些因素影响及外界的阻力,造成教育政策的执行过程不顺畅,影响政策的实施效果。解决这类难题,需要特别重视与处理中央和地方的关系,将民生语言变成民生利益,得到地方的跟进和支持。

(三)教育民生政策的制定需要民众参与

我国是一个人民民主专政的国家。人民民主的本质是人民当家做主,既要保障人民在国家中的地位,又要保障人民的生存与发展。民生问题需要民众的参与,这符合人民民主专政的本质。教育关涉每一个人的生存与发展,本身就是一个重要的民生问题。在公共教育政策决策时,可以将公共政策视野中的政策公众征询、价格听证、立法听证等纳入进来，需要民众积极地参与公共教育政策的制定。涉及民生问题的教育政策制定，也需要民众参与进来。一方面民众的参与可以集思广益，为教育政策制定提供更多可能选择的方案；另一方面民众参与教育政策的制定能更充分地反映他们的需求，这样不但能得到他们的理解和支持，而且有利于教育政策的执行。民生问题的解决需要听取民意以及民众参与政策的制定，而在我国民众参与有关教育政策制定的积极性不够，需要建设反映民众对教育政策意见的平台。

（四）坚持教育民生政策的预见性

古语有云："凡事预则立，不预则废。"法国未来学家H. 儒佛尔指出，没有预测活动，就没有决策的自由，有效预测是英明决策的前提。进行预测分析有利于我们开阔视野、高瞻远瞩，为决策提供科学的依据和选择的余地，增强决策的主动性。对教育民生问题的解决，坚持政策的预见性十分重要。教育是一项长期发展的事业，教育政策需要保持相对的稳定性，不应为满足部分群体的需要而频繁调整。一些教育政策的频繁调整可能是因为政策的制定缺少预见性。对此，有学者提出建立教育咨询委员会，通过它对人民群众反映较多的教育问题进行调查总结，形成咨询意见，在此基础上可能形成教育政策草案，然后将草案向社会公示，征求各方意见并对草案进行修改、完善，最后形成政策建议提交给政府有关部门。这种做法可能会在某种程度上增强教育决策的适用性。关乎民生的教育政策制定更应该具有预见性，关注民众的需求，在具体操作和政策层面增强预见性，既可以减少民生问题的出现，又可以增强新政策的操作性。

教育政策作为公共政策的一部分，具有公共政策的公共性这一根本属性。其公正、公平的价值负载特征决定了教育政策必然关注教育民生。教育政策关注民生，既是我国"关注民生、以人为本"执政理念的具体体现，也是更好地促进教育公平的表现之一。教育政策更好地关注民生，就要增强教育政策的预见性，积极推动民众参与教育政策的制定，教育公平等问题可能得到更好的解决，也能更好地实现"办好人民满意的教育"的目标。

（原载《教育学术月刊》2014 年第 8 期）

教育政策问题如何构建

在教育实践中，为什么一些表面上看起来很好的教育政策执行起来并不顺畅，或者在执行过程中有时陷入教育政策失真或执行偏离的困境呢？一般来说，一些教育政策的决策者可能会认为，依靠敏锐的观察和"科学—理性"的逻辑推理能力或许能相对全面地分析当前的教育、政治、经济和社会环境及其存在的问题，并制定出相应的能解决教育现实问题的政策。他们有时会将少数人的教育需求作为多数人的教育需求，或者有时误以为多数人的教育需求是正确的，是需要解决的教育问题。但政策发生学和教育政策问题建构的逻辑表明，并非个人的教育需求偏好都是教育问题，并非教育问题都是教育政策问题。因此，当把教育问题等同于教育政策问题，教育问题背后动因的关键变量未被发现时，教育决策者在做教育决策时可能会有些力不从心，在制定或执行教育政策过程中会缺少相应的政策资源支撑，这样制定出来的教育政策可能会陷入"头痛医头、脚痛医脚"的困境。

我们需要思考的是，为什么一些看似精巧理性且尝试改善人类教育状况的教育计划、项目和政策可能会面临失败，并有可能会把人们引到一条歧路上呢？自拉斯维尔创建"政策科学"后，作为公共政策研究领域之一的教育政策似乎迎来了学科发展的"春天"。教育领域的学者纷纷模仿公共政策的研究范式（实际上至今也没有跳出公共政策的研究范式），在教育政策的内容、教育政策制定、教育政策过程、教育政策分析、教育政策规划、教育政策执行和教育政策绩效评估等方面做了很多研究，但对教育政策问题的发生逻辑鲜有问津。在教育实践领域同样如此，随着企业管理思想对公共行政领域影响的深入，一些教育政策的决策者开始热衷于标准化、简单化的"科学—理性"决策手段，可能会从维护教育利益出发进行教育政策问题的构建和教育政策资源的调用，规划出一个又一个看似宏大的教育理想蓝图。然而实际上，他们在理论和实践中缺少对教育政策问题构建的全方位思考和现实的关照。这不利于整个教育政策学科体系的完善和实际教育政策的制定。我们需要重新思考教育政策问题的发生逻辑和如何构建。

一、传统"科学—理性"视角下的教育政策问题

工业革命造成了人类社会的大转型，改变了整个世界。第一次、第二次工业革命分别使人类进入"蒸汽时代"和"电气时代"。而随着计算机技术的发展，21 世纪的人类社会毫无疑问已进入了"网络时代"。科学技术的发展不断地改变着人类生活的物质世界，也使人类的思想世界随着物质世界不断地变化。从文艺复兴和启蒙运动解放了人类的思想后，伴随着工业革命和科技的飞速发展，人们对各种知识的获得、积累的速度明显加快。在科技革命的影响下，人类的思想也戴上"科学"的帽子，似乎不与"科学"沾边儿都是不科学的。无论是实践领域还是理论研究领域，大多要求具有"科学理念"和"理性思维"。无论是企业部门管理还

是公共决策设计，大多追求"科学—理性""技术—效率"等，目的是通过概念抽象、模型描述等所谓实证研究和经验观察的"科学化""技术化"手段，把复杂的社会问题简单化、标准化，从而便于控制和管理。这样，"在社会治理的过程中，似乎所有的问题都可以通过科学化、技术化的路径加以解决，为了科学的理由，民主、法治、公平、正义等都得为之让路。与之相应，掌握了科学技术的人群也就成了社会治理精英，把持了社会治理的几乎全部权力"❶。

在公共管理领域，伍德罗·威尔逊（Woodrow Wilson）《行政之研究》一文的发表标志着行政从政治中"解放"出来。然而他认为，行政的目标"在于政府适当地或成功地干什么；怎样才能提高效率或降低成本完成这些工作"❷。在政治与行政二分的背景下，公共管理的工作更注重科学、技术和效率。而受到 20 世纪 20 年代科学管理主义"科学化、标准化、定量化"理念的影响，公共部门的问题建构和问题解决能力大幅提高。这使人们更加相信"科学"的强大力量。20 世纪 50 年代，政策科学的创始人拉斯维尔试图将公共政策作为一门独立的学科从政治和行政中分离出来，把政策科学定位于"以制定政策规划和政策备选方案为焦点，运用新的方法对未来趋势进行分析的学问"❸，所以在早期的

❶ 张康之，向玉琼. 科学语境中的政策问题建构 ［J］. 南京农业大学学报（社会科学版），2013，13（5）：67-75.

❷ 毛寿龙. 西方公共行政学名著提要 ［M］. 南昌：江西人民出版社，2006：33.

❸ LERNER D, LASSWELL H D. The policy science: recent development in the scope and method ［J］. The public opinion quarterly, 1952 (1): 142-144.

公共行政或公共政策中公共问题的界定和解决都是在科学化的主旋律下进行的。研究者都必须遵循科学、理性、有用、效率等基本理念来建构政策问题。

20 世纪 80 年代，受到西方政策科学、教育政策学科发展的影响，我国也逐步开始重视教育政策的研究，起初更多的是对国外政策的研究，后来对教育经济方面的政策也比较关注。到 20 世纪末，我国的教育政策基本理论研究迅速升温，学者们试图构建本土的教育政策理论体系，如袁振国主编的《教育政策学》、孙绵涛主编的《教育政策学》，两本著作在把握教育政策学的基本概念与框架的基础上，尝试构建教育政策学的理论体系。两本专著虽然影响深远，但是在具体的教育政策问题上也受到西方政策科学的影响，打上了"科学—理性""技术—效率"的烙印，在对教育政策问题的理解上具有不同程度的理性主义色彩。比如，"教育政策问题是教育决策部门认为有责任、有必要加以解决的一种教育问题" ❶，"教育政策问题确认过程要经历五个阶段：特定教育客观情境的觉察、教育问题或价值诉求的描述、教育问题或价值诉求的实质分析、教育问题或价值诉求的政策可行性分析、教育政策问题的界定与表达" ❷。这些情境的觉察、教育诉求的描述、可行性分析等手段无不体现着科学—理性思维下的线性技术逻辑。相应地，在实践中就要求教育政策决策者必须考虑到"精确、迅速、明晰、档案知识、连续性、

---

❶ 袁振国. 教育政策学 ［M］. 南京：江苏教育出版社，2001：20.
❷ 孙翠香. 教育政策问题分析 ［J］. 教育理论与实践，2009（15）：25 – 28.

酌处权、统一性、严格的从属关系、减少摩擦、降低成本等"❶，否则达不到管理上的要求。而随着计算机技术的发展和运筹学、博弈论等兴盛繁荣，无论是教育政策理论研究者还是政策实践者，更把这种教育政策问题的"科学—理性"思维发挥到了极致。他们运用数理统计、民意调查、概率预测、线性回归等方法，使教育政策问题的描述更加科学化、理性化、标准化，并且在此背景下开发了许多关于教育政策问题决策与分析的工具和模型，如德尔菲法、头脑风暴、混合扫面法等，而对教育政策中的价值内涵越来越不重视，忽视了公共教育政策问题中的公平、正义、尊严等人类最基本的社会价值。

在这种"科学—理性"视角下的教育政策问题建构，一方面满足了改革开放以来经济发展的需求，另一方面也满足了工业社会管理理念下对教育"控制"的需求。当然，我国的教育政策并不全是"科学—理性"思维的结果。教育政策作为现代文明社会治理的基本工具之一，具有"社会价值权威性分配"的功能。我们需要摆脱"科学—理性"思维的限制，重新找到教育政策问题构建时应有的规范价值，理清教育政策问题形成的脉络与发生机制，这样才能在教育决策过程中避免"第三类错误"（即当应该正确阐述一个问题时，却对问题的实质或规范做出了错误的阐述）的发生。❷

---

❶ 马克斯·韦伯. 经济与社会［M］. 阎克文，译. 上海：上海人民出版社，2010：17.

❷ 杜晓利. 论教育政策问题及其构建［J］. 当代教育论坛，2005（15）：18－20.

二、政策发生学视野下教育政策问题的分析

教育政策问题是如何形成的？基于传统"科学—理性"思维的观点普遍认为，教育政策问题来源于教育问题，其形成过程涉及三个方面："公共问题是怎样引起决策者的注意的；解决特定问题的政策建议是怎样形成的；某一建议是如何从相互匹敌的可供选择的政策方案中被选中的。"❶ 这样的观点看起来合情合理又合乎逻辑，似乎无懈可击，但是缺少对教育政策问题的回溯性研究，没有考虑教育政策问题究竟是如何产生的，可能会使决策者在决策中犯"第三类错误"。而政策发生学为我们提供了一个新的思路和视角，聚焦于教育政策问题是如何形成的，以及在从个人的教育需求走向教育政策问题过程中社会公共价值的提炼。在政策发生学视野下，我们按照教育政策问题发生和建构的基本逻辑，以个人教育需求为起点，认为教育政策问题形成的脉络和发生机制是教育政策问题源于教育问题，而教育问题源于个人的教育需求。

（一）个人的教育需求偏好是教育政策问题构建的逻辑起点

大千社会，芸芸众生，人们的需求千差万别、千奇百怪。转之于教育同样如此，有人求之于平等的受教育机会，

---

❶ 詹姆斯·安德森. 公共决策［M］. 唐亮，译. 北京：华夏出版社，1990：65.

有人求之于较高的教学质量，也有人求之于良好的教学资源等，不一而足。之所以出现这些不同的教育需求偏好，是由人们的经济状况、社会地位、价值信仰等不同而决定的。虽然人们的需求偏好不同，但并不表明这些需求偏好必然具有差异性，随着需求偏好人群的扩大和社会经济发展水平的提高，这些差异性需求偏好会逐渐趋于一致。比如，进城务工人员子女在异地入学的需求。从改革开放后到 20 世纪末，虽然我国进城务工人员不断增多，但当时进城务工人员的子女很少有异地入学的需求。到了 21 世纪初，随着我国社会经济的发展，城乡差距不断增大，大量进城务工人员举家涌向城市，而其子女在异地入学的教育需求不断增加。当然，这种个人差异性的教育需求偏好开始都是个别的，对教育政策决策并不产生影响。但是，当这种差异性的个人教育需求随着进城务工人员子女异地入学需求的增强而变成相似的个人需求偏好时，就逐渐形成了"问题"。

为什么会形成"问题"？简单来说，就是当人们的极大需求得不到满足时就会形成问题。当然，这个问题必须是一个需要解决的真正问题，如"在家上学"是由于当前的学校教育不能满足一部分人对教育的更高需求而出现的一种教育方式，随着需求的不断增加和社会经济的快速发展，"在家上学"开始从少数家庭的教育需求偏好变成一部分家庭相似的教育需求偏好。开始少数家庭"在家上学"的需求，我们可以将其看作差异性的个人教育需求，当放眼整个社会时，一部分家庭"在家上学"的教育需求就变成了相似的教育需求。差异性的个人教育需求偏好走向相似的教育需求偏好，是私人生活与公共生活的第一次遭遇，也是公共教育政策问题构建的逻辑起点。

（二）教育问题是教育政策问题构建的基础

教育政策问题源于教育问题，而教育问题源于个人的教育需求，但是从教育需求到教育问题的过程并非一蹴而就，是一个非常复杂多变的过程。当具有差异性的个人教育需求变成具有相似性的教育需求时，教育问题似乎就产生了。

实际上并非如此，从具有差异性的个人教育需求变成具有相似性的教育需求，这时候"问题"确实产生了，但并非一定是教育问题。人们不同的具有相似性的教育需求问题复杂地交织在一起，如部分群体有异地高考的相似性需求、部分群体有择校的相似性需求、部分群体有"高考移民"的相似性需求等。大量不同的具有相似性的教育需求叠加在一起就形成了复杂交织的社会性教育问题。

复杂交织的社会性教育问题困扰着不同群体，也促使教育政策决策者和教育相关部门思考我们的教育为什么会出现这些问题、这些问题的严重程度如何、问题涉及的范围和发展趋势如何等。虽然这是一个漫长的过程，但它是非常重要的，因为教育决策一旦失败，往往会影响一个国家和社会几年，甚至几十年的发展。因此，决策者要做的就是从复杂交织的社会性教育问题中筛选一些具有共同属性和表征的教育问题，它们可能具有相似的或相同的解决办法。

同时，这些教育问题有时会引发人们的关注和讨论，并初步具有"公共性"。从复杂交织的社会性教育问题变成相

似的社会性教育问题，便为教育政策问题的确立奠定了
基础。

（三）教育政策问题是教育问题的升华

之所以不断强调教育政策问题与教育问题的区别，是因
为教育问题并不都具有公共问题的属性，而教育政策问题必
然是一个公共问题。一些相似的社会性教育问题不一定能引
起民众和政府的关注，而被关注的一般是那些规模效应逐渐
显著、影响不断扩大的相似的社会性教育问题。我们称之为
共同的社会性教育问题。共同的社会性教育问题属于公共生
活空间内的一种问题，能否被解决具有很强的非排他性和
"搭便车"效应，如义务教育阶段教育资源的配置、师资建
设，高校的招生录取等问题。共同的社会性教育问题相对而
言规模效应更加明显，问题也更抽象，并具有"公共性"这
一特质。当人们对某些共同的社会性教育问题高度关注，并
且具有明显的公共问题意识、初步解决问题的思路和政策工
具的时候，这个共同的社会性教育问题便有可能衍变为教育
政策问题。

教育政策的根本目的是解决，甚至消除教育问题，但
并非所有的教育问题都是教育政策问题。一些教育决策之
所以失败的重要原因之一就是教育政策问题确立的失误，
出现了"第三类错误"，解决了错误的教育问题。这就需
要我们对共同的社会性教育问题进行提炼、甄别，而不能
把教育问题等同于教育政策问题。只有沿着"问题"产生
的逻辑来构建教育政策问题，公共教育政策决策才可能避

免教育资源的浪费，真正解决现实的教育问题，发挥公共政策的效力。

三、政策发生学视野下教育政策问题的构建

教育政策问题源于教育问题，但并非所有的教育问题都会成为教育政策问题。在政策发生学的视野下，教育政策问题的形成大抵经历以下阶段：具有差异性的个人教育需求、具有相似性的个人教育需求、复杂交织的社会性教育问题、相似的社会性教育问题和共同的社会性教育问题。教育政策问题是从共同的社会性教育问题中提炼升华的。在政策发生学的视野下，教育政策问题的构建需要考虑以下几个方面。

（一）对教育问题的"公共性"进一步提炼

何谓"公共性"？根据公共选择理论的解释，公共性具有非竞争性和非排他性两种特征，以及"搭便车"现象。教育特别是基础教育，作为一种公共产品，本身就具有公共性。公共性亦是公共政策的本质特征之一。教育政策作为公共政策的一种，是解决公共教育问题的手段。公共性是其基本而重要的价值特征。而教育的公共性又非常复杂，"它不仅包括政治意义上的公共性，而且也包括文化意义上的公共性。政治意义上的教育公共性主要是国家通过对教育权力的

控制与掌握体现出来的"❶。教育政策是国家通过对教育权力的控制与掌握等方式来管理公共教育的手段。教育政策的公共性正是政治意义上的教育公共性的体现。

教育政策问题是教育政策制定和执行的基础，教育政策问题的公共性是其走向教育政策议程的关键因素之一。而教育问题能否顺利成为教育政策问题，关键在于教育政策问题的建构，其解决过程中是否出现竞争、排他和"搭便车"现象。教育问题在走向教育政策问题的过程中，如果出现竞争、排他等现象，教育政策问题的公共性必将受到质疑。决策者在提炼教育问题的"公共性"过程中，需要考虑的是所构建的教育问题是否属于公共问题、是否要解决公共事务、教育问题的演进过程是否开放、教育问题的利益相关者是否可以进入等。

（二）明确教育问题的因果关系

教育问题背后的因果关系支配着教育问题的特征、属性、演进趋势等。对教育问题背后因果关系的推断，有助于理清教育政策问题构建的逻辑、弄清教育问题是否为一个真问题。共同的社会性教育问题处于复杂交织的社会性教育问题和教育政策问题中的某一序列点上，其背后的因果关系也是复杂多样的。如果不对其因果关系进行推断，那么我们很难提炼出那些真正需要解决的教育政策问题。

---

❶ 苏君阳. 社会结构转型与教育公共性的建构 [J]. 教育研究，2007 (8)：34 – 38.

一般而言，教育政策研究中的因果关系推断主要有三种：一是"因→果"，也就是由因及果，即推断某事件所导致或引发的结果是什么；二是"因←果"，也就是由果溯因，即推断导致某种结果的原因是什么；三是"因→？→果"，即探求原因是如何导致某种或某些结果的。也就是说，我们在做因果关系推断的时候，要探讨因和果背后的因果机制。而面对共同的社会性教育问题时，我们通过对其因果关系的推断，使那些混乱的教育问题走向程式化、使具体的事物更加抽象化、使教育经验的观察更加实质化，使解决教育问题的信度和效度进一步提升，使教育政策问题更加明确，从而进入教育政策议程。

（三）使教育问题的利益相关者进行充分的互动

教育问题的产生是因为某些教育诉求得不到充分的表达，而教育政策问题则是这些教育利益相关的个人或群体互动的结果。当差异性的个人教育需求成为复杂的社会性教育问题时，教育利益相关者之间的互动就开始了。如果这些教育利益相关者之间没能进行充分的互动，就必然会影响教育问题的公共性。教育问题公共性的丧失使其停滞不前或性质发生偏移，这样教育问题仍然只是某个阶段的问题，只是代表某一部分或群体的利益，不能成为公共事务的教育政策问题。任何教育政策问题都是某些力量共同作用的结果。这些力量可能是个人利益、团体文化、历史经验、资本与权力等，它们之间的博弈推动着教育问题的前进，使其升华为教育政策问题。因此，教育决策者在建构教育政策问题时应创造条件，让教育利益相关者进行充分的博弈，使教育政策问题从共同性的教育问题中被更快速地提炼出来。

（四）使民众持续关注教育问题并提高解决教育问题的能力

共同的社会性教育问题具有公共性和社会性双重特征。随着规模效应的扩大，教育问题升华为教育政策问题的可能性越来越大。因为如果某些共同的社会性教育问题在特定时间内没有得到解决，甚至持续扩大或者造成一定结果，那么社会公众对该问题的关注会逐渐甚至快速增加，并产生一定的诉求和政策信念。比如，一些地区发生的校车事故等突发事件受到广泛的关注，并迅速进入决策者的视野，而后升华为教育政策问题，并进入教育政策议程阶段。

教育问题能否得到解决，取决于是否具备解决问题的资源和能力。由于教育政策资源不足造成某些教育政策失败的情况确实存在，因此在教育政策问题建构的时候，充分考量解决教育问题的能力是十分必要的。这些能力包括教育财政的预算、教育政策工具的选择、教育资源的调取和使用能力、公众的政策认同度等。这些资源、能力是否提升直接决定了教育问题能否升华为教育政策问题。

（原载《教育发展研究》2017 年第 3 期）

教育公正
——教育政策制定的伦理学思考

教育在当代社会发展中发挥着越来越重要的作用，关系到整个国家和民族的发展。为了推动教育的发展，世界各国都在大规模地进行教育改革。自第三次工业革命以来，世界各国教育改革的价值取向经历了从注重"效率"到注重"公平"的嬗变。由于"教育公平"本身的中性价值取向并不能从根本上完全反映教育政策公共性的本质特征，所以兼具教育公平的工具尺度和正义的价值取向双重意义的教育公正成为当代教育政策的价值首选。公正，是人类普遍公认并为之不懈努力追求的价值原则之一，代表了正义的公平、善的公平，是任何公共决策的逻辑起点，也是教育改革的伦理底线。❶ 教育政策作为公共政策的一部分，必然着眼于民众的公共教育利益，从教育政策的制定到执行都应该体现教育公正的原则。

一、教育公正：公共教育政策制定的首要价值

教育政策作为公共政策的一种，具有一般公共政策的本质特征——公共性。公共性就意味着教育本身不是为某个阶级或某部分人所独有，而是社会公众都享有的权利。作为解

---

❶ 程婧. 论非营利性民办高校政策环境的价值理性及实现路径——基于公正的价值诉求 [J]. 当代教育理论与实践，2013，5（9）：115 – 117.

决教育问题的公共教育政策，其根本目的是在政府的领导下对公共教育利益进行权威性的分配，所以教育政策的导向也必须是指向所有社会公众。"公共政策是以'公共'为其逻辑基础的，公共性是公共政策运行的出发点和归宿，是评判一切公共政策的基准价值，成为公共政策分析的基本理念和核心精神。"❶ 因此，公共性不仅是教育政策的本质特征，也是教育政策制定的逻辑起点。而如何实现对这种公共性的占有，笔者认为重要的一点就是在教育政策制定之时秉持教育公正的价值原则。

何谓"教育公正"？可谓众说纷纭。学界常常会把"教育公正"与"教育公平"等同起来。在教育政策领域，有些学者认为教育公平是教育政策的首要价值取向。❷ 这可能是因为没有注意到"教育公正"与"教育公平"的区别。在英语中，公正为"justice"，公平为"fairness"，二者在写法上的不同说明了其细微的差别。"相对于公正来说，公平强调公共财富、利益分配的平等，重在强调平等。但并不是任何的平等都是公正的，如平均主义的平等，就可能是不公平的。公平就是对地位相同的人平等对待，对地位不同的人，按他们不同地位区别对待。但公平的分配，不一定就是正当的，符合

---

❶ 陈潭. 公共性：公共政策分析的一般范式［J］. 湖南师范大学社会科学学报，2002（4）：46－50.

❷ 朱金花. 教育公平：教育政策的价值选择［J］. 法制与社会，2008（2）：1；余荣丽. 教育公平：教育政策的首要价值追求［J］. 吉林省教育学院学报，2007（9）：54－56.

正义要求的。"❶ "公平"一词侧重于公平的尺度，即只要在工具、技术层面上遵循同一标准的规则就可以，不涉及价值问题，是中性的。而"公正"一词不仅包括公平尺度的意思，而且涉及公正、正义等价值观方面。它不仅含有公平之意，也有正义之意。公平有正义的公平，也有非正义的公平，如小偷平均分配偷来的不义之财是公平的，但不是正义的。公平分配是否公正，不取决于公平本身的规则，而取决于是否正义。"公正、正义的基本价值取向决定着公平的正向意义。"❷ 教育政策作为政府对公共教育利益的权威分配，其是否公正主要是看其分配原则是否公正，而不只看是否平等地分配了教育资源。

教育公正是"通过合理的教育制度，恰切地分配教育资源，使每个人获得与其相适宜的教育，满足个体学习需要，使个体得其应得，实现个性化发展"❸。教育公正主要涉及三个方面：教育的外部公正、教育中的公正和教育目的的公正。❹ 教育的外部公正和教育中的公正都是对教育资源的分配问题，主要解决教育权利和教育机会的分配，主要涉及教育制度、教育资源分配的原则和标准。而教育制度的变迁、教育资源分配的原则和标准往往是由教育政策带动与规制

❶ 冯建军. 教育公正——政治哲学的视角［M］. 福州：福建教育出版社，2008：21–22，43.

❷ 吴忠民. 社会公正论［M］. 济南：山东人民出版社，2004：104.

❸ 冯建军. 教育公正——政治哲学的视角［M］. 福州：福建教育出版社，2008：21–22，43.

❹ 苏君阳. 论教育公正的本质［J］. 复旦教育论坛，2004（5）：33–36.

的。虽然教育政策会受到教育制度的影响和制约，但教育制度从不公正到公正变迁的社会过程，实际上是需要运用教育政策手段去调整的；而教育资源分配的原则和标准都是通过教育政策的规制来实现的，所以教育公正的实现依赖于教育政策手段，而教育政策的公共性决定了教育政策本身要体现教育公正的原则。

一项教育政策是否公正，是否体现了教育公正原则，在很大程度上是由教育政策的价值选择决定的。教育政策的价值选择是"教育政策制定者在自身价值判断基础上所做出的一种集体选择或政府选择。它蕴含着政策制定者对于政策的期望或价值追求，体现了政策系统的某种价值偏好，表达着教育政策追求的目的与价值"❶。在教育决策时，多数时候着眼于大多数人的利益，某些个人的利益不被重视，甚至被完全忽略。这是一种功用主义的公正原则。在现实决策中，我们也会看到这种局面——少数服从多数是天经地义的，在多数人看来这也是合理的、公平的，但不一定是公正的。对于教育政策制定者而言，如果也本着这种功用主义的原则，那么教育政策的公共性可能会大打折扣，教育政策也会缺少应有的公共性。在罗尔斯看来，为了"最大多数人的最大利益"而牺牲个人利益的做法不是必需的，"政府存在的一个主要理由就是确保所有个人都能得到保护，以免受有权势的

---

❶ 刘复兴. 教育政策的价值分析［M］. 北京：教育科学出版社，2003：45.

个人或集团强制"❶。教育之于公众而言，是每个人都应该享有的权利，教育政策的制定必须注意这一点。英国著名社会学家、哲学家伦纳德·特里劳尼·霍布豪斯（Leonard Trelawny Hobhouse）曾指出："国家的职责是为公民创造条件，使他们能够依靠本身努力获得充分公民效率所需要的一切。国家的义务不是为公民提供食物，给他们房子住或衣服穿。国家的义务是创造这样一些经济条件，使身心没有缺陷的正常人能通过有用的劳动使他自己和他的家庭有食物吃、有房子住和有衣服穿。"❷ 对"个别的工人"（即普通民众）来讲，"他要求的不是慈善，而是公正"❸。对普通民众来讲，每个人都应平等地享有政府提供的教育权利和机会。公共教育政策的制定应该遵循教育公正的原则，公正地对待每个人。

二、民众参与：教育公正原则实现的路径选择

教育政策作为公共政策的一种，必然体现民众对教育利益的诉求。但是，教育政策如何更加有效地、公正地体现民众的教育需求，对教育政策制定者来说越来越具有挑战性。

关于教育政策制定的研究，教育政策制定存在着两条路

❶ 约翰·罗尔斯. 正义论［M］. 何怀宏，何包钢，廖申白，译. 北京：中国社会科学出版社，1988：56.
❷ 霍布豪斯. 自由主义［M］. 朱曾汶，译. 北京：商务印书馆，1996：80.
❸ 霍布豪斯. 自由主义［M］. 朱曾汶，译. 北京：商务印书馆，1996：81.

径，即"自上而下"和"自下而上"的路径。自上而下的路径"将政策看成是'统治'（rule）：与权威性决定的自上而下传达有关，得到批准的决策者选择那些能够使他们支持的价值得以最大化的路线，并且将这些政策传达到下属公务员那里去实施"❶。而自下而上的路径则认为，"政策操作既是横跨了组织的界限而发生的，也在这些界限之内发生，存在于不同组织的参与者之间形成的默契和承诺的结构，以及在任何一个组织之内权威性决定的垂直传达"❷。由此可见，教育政策的制定既需要体现一定的权威性，也需要体现一定的参与性。

当前，虽然自上而下的路径是我国教育政策制定的一个主要特点，但是随着改革的深化，自下而上的路径在决策中的占比有所增加，如《国家中长期教育改革和发展规划纲要（2010—2020年）》的制定就是这两条路径结合的结果。这也意味着一项公共教育政策的制定不仅依靠政府，也要得到民众的认可。公共教育政策关系到民众的教育利益，要体现民众的利益和教育公正的原则。虽然公共教育政策可能会触及一部分人的利益，但是民众的参与可能在一定程度上起到调和作用。正如罗伯特·达尔（Robert Alan Dahl）所言："事实上，每一项法律或公共政策，无论执行者是民主形成

---

❶ 科尔巴奇. 政策［M］. 张毅，韩志明，译. 长春：吉林人民出版社，2005：31.

❷ 科尔巴奇. 政策［M］. 张毅，韩志明，译. 长春：吉林人民出版社，2005：31.

的多数派、少数寡头，或是仁慈的独裁者，注定要对一部分人造成伤害，……但从长远来看，民主过程相比其他非民主过程，对公民的基本权利和利益造成的损害是不是会少一些？仅仅是由于民主政府避免了滥用权力的专制统治，它就比非民主政府更合乎这项要求。"❶

　　从根本上讲，教育政策的公共性特征决定了教育政策的制定必须体现教育公正的原则，使更多的人参与教育决策。所谓"公共性"，就是"公众性"。"作为公众，它有多数人与少数人之分，也有强势群体和弱势群体之别。作为公共政策的公共性，它应该既是'多数人'的公共性，同时又是'少数人'的公共性，一方面它应该最大限度地满足多数，另一方面也应当尽可能地保护少数；在对强势群体特别是由少数人组成的强势群体加以限制的同时，也应该对具有正当的利益要求的弱势群体加以保护。"❷ 一项公共教育政策的制定应该是社会民众与教育相关部门达成共识的结果，而共识的形成和教育利益的分配应是多数人参与决策的过程。

　　我国是人民民主专政的国家，国家的一切权力属于人民。这从根本上决定了我国的教育政策必然反映广大人民群众的公共利益，也就是说教育政策应具有"公共性"的特征。而教育政策的公共性特征表明，教育政策的制定是以民众的意愿为基础的。民众的意愿，即民意，"指多数社会成

　　❶ 罗伯特·达尔. 论民主［M］. 北京：商务印书馆，1999：55.
　　❷ 陈潭. 公共性：公共政策分析的一般范式［J］. 湖南师范大学社会科学学报，2002（4）：46－50.

员对与其相关的公共事务或现象所持有的类似的看法、情感和行为倾向的总称，是一切社会机制赖以运行的基础"❶。教育政策如何反映民意，从根本上说就是让广大人民群众参与教育政策制定的过程，为民众提供行使权利的途径，使其获得教育政策制定的信息，因为"民众的参与是保证公共教育政策公共性、合法性的基石，也是提升公共教育政策制定的民主性和科学性的重要途径"❷。教育政策制定要体现教育公正的原则，民众参与是一个行之有效的重要途径。

三、教育政策合法化：教育公正原则的最终保障

"合法化"是证明某事物是合法的、适当的或正当的。教育政策合法化，是指"教育政策法定主体依照法定的权限和程序，对经过选择的教育政策方案予以审议和核定，并以签署发布和颁布等形式将方案转化为正式的教育政策的过程"❸。教育政策合法化是教育政策制定的重要阶段，是教育政策执行的前提。教育政策方案只有经过合法化过程，才能成为合法有效的教育政策。教育政策合法化过程的本质是使教育政策方案获得合法的地位，得到社会公众的支持和认同。对于一项教育政策草案来说，只有经过合法化的程序，

---

❶ 李振雨. 浅议司法过程中民意的力量 [J]. 法制与社会, 2008 (15): 153.

❷ 吴加琪. 民意：与我国公共教育政策制定同行 [J]. 现代教育管理, 2011 (1): 50 - 53.

❸ 范国睿, 等. 教育政策的理论与实践 [M]. 上海：上海教育出版社, 2011: 117.

才能成为政策。与此同时，其所体现的公正原则才能得到最终保障。

教育政策合法化也是教育政策公共性特征的一个体现。公共教育政策是政治系统或公共权力机构为协调和平衡公众教育利益的途径与手段。任何教育政策如果被公众接受，并在实际活动中发挥作用，就必须从内容到形式都应是合法的。所谓内容的合法，是指教育政策所规定的行为准则、所实施的计划等，不与已有的宪法、法律相抵触，并能使公众的教育利益得到协调、平衡，符合多数人的长远的教育利益要求，能被公众认可和接受。所谓形式的合法，是指教育政策的制定、执行、评估等必须是法定的教育政策主体按照法定程序进行的活动。❶ "在一个现存的社会体系中，合法化必须通过遵循有关的规范而实现，在法制社会中，则要通过诉诸相应的法规来实现。"❷ 教育政策的公共性决定了教育政策的合法性是在教育公正的基础上形成的。如果没有教育公正，教育政策的合法性也就无从谈起；如果没有教育政策的合法性，教育公正就会丧失。如果教育政策没有合法化，谁有权力谁就制定政策，谁没有权力就只能遵从政策所规定的行为，那么公正性无从体现。教育政策的公正性丧失，其存在的基础也就没有了。

查尔斯·琼斯（Charles Jones）认为，公共政策的合法

---

❶ 陶学荣. 公共政策学［M］. 沈阳：东北财经大学出版社，2009.

❷ 奥特弗里德·赫费. 政治的正义性——法和国家的批判哲学之基础［M］. 庞学铨，李张林，译. 上海：上海译文出版社，1998：53.

性问题有两个层次，即一定的政治系统统治的正当性问题与其政策的合法性问题。公共教育政策的合法性首先是建立在政治统治的合法性不受质疑的基础上的，其合法化的过程就是使教育政策的制定及内容符合宪法和法律的过程。政府作为公共教育权力主体、公共教育利益的代表，在教育政策制定中承担体现教育公正原则的责任。"一切授予的权力都是委托，一切僭取的权力都是篡夺，政府的权力来自人民，必须对人民负责。"❶ 政府代表人民的利益，使他们的利益免受侵害。这就决定了政府只能对每个人不偏不倚、保持公正，所以政府是以社会公正者的身份采取社会行为的。在教育领域，政府要在教育公正中承担责任，这不仅是由其本身的性质和目的决定的，也是由教育政策的公共特性决定的。

教育政策在本质上是政府对教育利益的权威性分配，也是在教育领域中调节人与人之间关系的一种手段。要做到教育公正，政府对教育利益分配时必须坚持公正的原则，使教育关系处于公正状态，这样才能维持教育系统的稳定。"教育公正在本质上是教育关系公正，追求教育公正其实是追求教育关系公正。教育关系主要有教育与外部世界的关系和教育系统内部的关系，教育与外部世界的关系主要是教育与政府、教育与市场、教育与社会之间的关系。"❷ 国家对公共教育资源的调控，实际上就是要协调这些错综复杂的教育关

❶ 潘恩. 潘恩选集［M］. 马清槐，译. 北京：商务印书馆，1981：243.
❷ 刘子杰. 教育公正的本质及其价值追求［J］. 现代教育管理，2009（4）：14－16.

系，使每个人都能公正地获得教育利益。教育政策合法化的过程，正是通过一定的规章制度来保障教育利益分配做到公正，从而使教育公正原则获得制度上的保障。

政策网络治理与公共教育
利益的实现

随着改革的深化，我国的社会结构开始变为一种既彼此独立又相互联系的政治领域、经济领域和社会领域的新的社会结构。在这种背景下，公共教育利益如何能得到最大程度的实现，有效的公共教育治理起着决定性作用，传统的公共教育治理模式面临着挑战。政策网络治理是 20 世纪 90 年代在西方公共管理领域兴起的一种新的治理模式，反映的是国家与社会之间在资源依赖、信息和意见的交流、多元主体参与和水平互动关系时形成的公共治理模式。政策网络治理对公共教育利益的实现和公共教育的有效治理具有一定的启示和借鉴作用。

一、公共教育利益实现面临的双重困境

关于公共利益的概念，众说纷纭。有人认为，公共利益就是一种增强统治结构的东西，就是公共机构的利益。❶ 也有人认为，公共利益就是公众利益，表现为公民个人或团体向公共权力机关提出并被认可的利益要求。❷ 在此不过多地

　　❶　查尔斯·林德布洛姆. 政策制定过程 [M]. 朱国斌，译. 北京：华夏出版社，1988：29.
　　❷　塞缪尔·P. 亨廷顿. 变化社会中的政治秩序 [M]. 王冠华，等译. 北京：三联书店，1989：23.

阐述什么是公共利益，但笔者认为公共利益一定不是某个人或特定的部分人所独享的利益。公共利益代表着整个社会和公众的要求及利益，而不是任何个人或者集团的利益。公共利益涵盖社会生活的方方面面，包括国防、教育、医疗卫生等。

教育作为公共利益的一种，具有明显的公益性。世界上几乎所有的国家都强调教育的公益性质，承认教育是一项公益事业。我国《教育法》第 8 条中明确规定："教育活动必须符合国家和社会公共利益。"教育可以提高人的能力和智力，发展人的爱好和兴趣，促进良好品德的形成，丰富人的精神生活，最终促进社会整体的进步和发展，实现社会的整体利益。追求公共利益已经成为教育活动的基本价值取向。

教育既具有公益性，也具有公共性。公共性意味着社会中每个人都有接受公共教育的权利。《世界人权宣言》第 26 条规定："人人都有受教育的权利。"我国《宪法》第 46 条也规定："中华人民共和国公民有受教育的权利和义务。"在现代国家产生之前，教育并不是每个人都可以享有的权利，受教育权只是上层社会人员的专属权利。现代公共教育是伴随现代国家的建立而产生、发展和完善的。当时公共教育为国家所有，被政府官僚机构控制。国家通过公共的途径以国家教育权力的形式提供教育，民众只能通过政府这种社会治理形式来实现公共教育利益。

改革开放前，在计划经济体制下，我国的公共教育是由国家和政府组织制订公共教育计划，提供公共教育资源，管理公共教育财政。在国家和政府承担公共教育供给体制下，政府通过协调社会各方的利益关系，整合社会不同群体的教育利益诉求，使之转化为公共教育利益，再通过公共教育政策的具体实施最终实现公共教育利益。从实践的角度分析，由于政府自身的因素决定了其作为的有限性，"不论是公共部门还是私人部门，没有任何一个单独行动者能够拥有解决综合性的、变动不居的和多种多样的问题所需要的所有知识与信息；也没有一个单独行动者有足够的知识和能力去应用所有有效工具"❶。道格拉斯·C. 诺思（Douglass C. North）的"政府悖论"给了我们一定的启示。政府一方面作为公共事务的掌控者，管理着整个社会的公共事务，需要维护和实现公共利益；另一方面政府也有自身的利益，即政府组织的角色利益和政府组织中成员的利益。政府在价值取向上存在矛盾。这种矛盾既可以推动公共利益的实现，也可能在一定程度上影响公共利益的实现。在从计划经济体制向市场经济体制转变的过程中，我国在公共教育治理上存在一定问题。改革开放后，经济体制从计划经济向市场经济转变，我国成功加入世界贸易组织，公共教育权力也发生了变化，"纵向上，在公共教育权力体制内部由中央政府向地方政府、下级组织机构和学校下放权力；横向上，则是由公共教育权力体

---

❶ 劳凯声. 重构公共教育体制：别国的经验和我国的实践 ［J］. 北京师范大学学报（社科版），2003（4）：75-86.

制内部向体制外部的社会领域和市场领域转移权力"❶。由此，提供教育的主体除了政府外，还有市场、利益机构，甚至海外市场，形成了由政府、市场、利益机构等多元主体并列的格局。

在公共治理模式上，一般分为政府治理和市场治理。当政府治理的效果不明显时，市场治理会发挥治理公共事务的作用。公共教育权力向市场领域转移，也就是期盼通过市场条件下的自由竞争实现个人的教育利益，正如亚当·斯密（Adam Smith）所说的用"看不见的手"来推动公共教育利益的实现。在亚当·斯密看来，"自利人"在追求最大价值的时候，考虑的不是公共利益，而是私人利益。在自由市场的作用下，个人必然会以不利于公共利益的形式来实现自身利益。"囚徒困境"和"公地悲剧"揭示了市场因素有可能在实现公共利益的过程中产生不利影响。在公共教育权力向市场领域转移的情况下，市场机制介入教育领域，一方面有利于提高教育资源的利用，另一方面也会产生不利影响，即在"市场失灵"的情况下，市场机制的介入会给公共教育公平带来新的问题。市场机制的目的是追求效率，在教育领域中教育资源的配置必然导向有益于追求利润的态势，那么在地区、学校和个人之间可能造成教育资源配置的失衡。同时，社会各阶层在教育资源的获取上也会呈现不同程度的差异，社会弱势群体可能会处于不利的地位，产生更复杂的教

❶ 刘复兴. 公共教育权力的变迁与教育政策的有效性 [J]. 教育研究，2003，24（2）：10－14.

育不公平问题，因而也无法保障公共教育利益的实现。

政府机制和市场机制都不可能单独成为公共利益实现的机制，都可能会使公共利益的实现遇到问题。政策网络在一定程度上可被看作由资源相互依赖的行动者之间形成某种程度的稳定的社会关系，也可被看作政府允许更多的利益相关者参与公共治理的一种协商机制。政策网络似乎可以把政府机制、市场机制和社会机制结合起来，在政府、市场和社会多元利益行动者的互动中使公共利益得到更好的实现。政策网络治理的出现使人们看到了公共利益实现的新途径。

二、政策网络治理：一种有效的公共教育治理模式

政策网络是将网络理论引入政治学和公共政策学而形成的一种分析框架和途径，着眼于公共政策过程中政策主体的相互关系及其对政策过程和结果的影响。政策网络研究始于20世纪五六十年代的美国，后来在英国、德国和荷兰等国得到发展，现在盛行于整个欧美学界。20世纪90年代以来，政策网络理论研究的重点开始转向公共治理，与治理理论结合起来形成了政策网络治理流派，成为一种新的公共治理模式和分析框架。

由于各国的政治体制和学术研究传统的差异，西方学者对政策网络的研究也是精彩纷呈，形成了不同的理论和派别。根据罗德·罗茨（R. A. W. Rhodes）的观点，关于政策

网络的研究主要有三个传统：美国传统、英国传统、德国和荷兰传统。❶ 美国主要从微观层面研究政策网络，强调政策过程中关键政策主体之间的相互作用和相互影响，强调的是个人之间的关系而不是政治机构之间的结构。英国对政策网络的研究一方面延续了美国传统，从微观出发强调人际关系在政策网络中的作用，另一方面从中观层面来分析利益集团和政府之间的关系。德国和荷兰则从宏观层面对政策网络进行研究，用政策网络来描述分析国家和社会的关系，认为政策网络是一种新的公共治理模式。他们强调，由于现代社会日益复杂化、多元化和动态化，国家缺乏单独治理的能力，必须依赖于其他社会主体的资源和协作，国家和社会的各种组织之间形成相互依赖、相互影响的政策网络。

在传统的公共教育治理研究中，一般都着眼于政府教育部门的管理行为，其管理主体是单一的政府体系，主体之间的关系比较简单。而随着全球化、市场化、信息化和知识化的发展，人类面临的社会问题和公共教育问题越来越多且更复杂，远非传统上依靠政府教育机构的单独治理就能解决的，必须联合社会其他组织，跨地区，甚至跨国共同解决。在公共教育治理领域中，需要一种多重治理理念和实践的教育治理模式，而政策网络治理给我们提供了一种思路。

政策网络治理流派认为，国家、社会和市场不是独立

---

❶ RHODES R A W, HUANG D, FANGDA D. Understanding governance：policy networks，governance，reflexivity，and accountability，buckingham［M］. Philadelphia：Open University Press，1997：167-178.

的，是相互关联的，它们处于一种网络关系之中。教育的发展离不开社会和市场，教育的治理也不是单独进行的，是在与政府其他部门的沟通和作用中完成的。教育内部之间、教育与其他社会因素之间处于一种网络关系中。国家与社会拥有不同的资源，那么政府在公共教育治理中需要与其他社会组织共同治理。在政策网络治理流派看来，国家与市场作为一种治理模式都不适合一个国家与私人部门日益相互依赖的世界。而具有平等、协调与自我统合特征的政策网络能够避免政府和市场的不足，成为治理的新形式。协调可以带来有益于各方的正面结果，经常性的协调互动和资源的相互依赖可以培养共同的价值观和信任机制，从而提高解决问题的能力。罗茨认为，政策网络长期互动培养出共同的价值、信任和解决问题的机制，其形态是影子科层制度，协调和回应市场的失灵。❶ 从政策网络的视角来看，政府政策的失效主要包括关键行动者的缺失、行动者对共同目标缺乏承诺、信息的不完全等。❷

政策网络治理流派指出，政策网络不仅代表了一种新的分析视角，而且反映了政体结构的变化。在政策网络治理视野中，政策网络的形成不同于政府治理和市场治理，网络影响了教育资源交换的模式，网络范式重新塑造了政治、经济

❶ RHODES R A W, HUANG D, FANGDA D. Understanding governance：policy networks，governance，reflexivity，and accountability，buckingham［M］. Philadelphia：Open University Press, 1997：167－178.

❷ KICKERT WJM, KOPPENJAN JFM. Public management and network management：an overview［M］. London：Sage Publications，1997：287.

和社会景象，在教育治理主体、治理结构和治理机制等方面发生了深刻变化。传统教育治理将政府教育组织作为唯一的中心和主体，而治理流派则认为治理是国家与社会的合作、政府与非政府的合作、公共机构与私人机构的合作、强制与资源的合作。❶ 因此，在政策网络治理中，政府并不是公共教育政策制定和执行的唯一中心和主体，非政府部门和社会等也承担着治理公共教育的责任，并且强调政府教育部门在政策网络中的主导作用，有效治理的关键在于政府教育部门对其他教育治理主体的有效整合和对教育政策网络的有效管理。在治理结构上，政策网络治理流派认为，网络不同于政府，它是自我组织的，不是强制命令和科层管理链条上的一部分，总体上是平等的、相互依赖的结构；网络也不同于市场，它不是完全自愿的、个别化的，是以一定的共同价值为基础，在经过成员共同协商、彼此达成承诺、相互依赖的基础上形成的一种关系。在网络结构中，"人们必须在组织间分析层次上，而不是在单个企业或者政府单位层次上考察结构和绩效"❷。在治理机制上，政策网络治理倡导的是合作治理和互动治理的思路，强调信任和协调机制的建立和落实，这样才能达到有效治理的目的。由此可见，政策网络治理对公共教育的治理和公共教育利益的实现是有益的。

---

❶ 俞可平. 治理与至善［M］. 北京：社会科学文献出版社，2000：6.

❷ 埃莉诺·奥斯特罗姆，帕克斯，惠特克. 公共服务制度建构——都市警察服务的制度结构［M］. 宋全喜，任睿，译. 上海：三联书店，2000：4.

三、有效的政策网络治理与公共教育利益的实现

政策网络治理把政府机制、市场机制和社会机制结合起来，使公共教育利益在政府、市场和社会多元利益行动者的互动中得以实现。然而，问题并不是那么简单，它们的互动虽然在一定程度上避免了各自的不足，但能否从根本上保障公共教育利益的实现仍难下定论。政策网络治理在实际运用中还存在很多制约公共教育利益实现的因素。由于在政策网络中的各个成员是一种相互依赖的关系，没有一个统一的权威来限制和规范其他行动者，因此政策网络需要有效的管理者和有效的管理来促进各成员之间的合作，提高网络治理的效率和效益，保障公共教育利益得以实现。政策网络理论认为，各种政策主体之间出于交流信息和意见的需要、交换资源的需要、结盟的需要、追求权力的需要与利益协调的需要而参加政策网络。❶ 政策网络的存在会影响政策主体的行为和政策结果。一方面政策网络的结构会制约和影响网络参与者的行为，网络由各种规则所支配，这些规则决定决策如何做出以及谁参与决策❷；反过来，网络参与者的信念、外部

---

❶ WEIBLE C M, SABATIER P A. Comparing policy network: marine protected areas in California [J]. The policy studies journal, 2005, 33 (2): 181 – 201.

❷ ATKINSON M M, COLEMAN W D. Policy networks, policy communities and the problems of governance [J]. Governance, 1992, 5 (2): 154 – 180.

条件会影响到政策的发展和变化❶。另一方面政策网络的结构对政策变化也起着重要作用：当政策网络比较封闭时，就会排斥新成员的加入，新成员的利益则很难得到表达；反之，如果政策网络比较开放，新成员和新思想比较容易渗透进政策网络时，往往会引起良好的政策结果。❷

政策网络治理模式不同于多中心治理模式。与多中心治理模式的区别是，政策网络治理强调政府教育部门在政策网络中的关键作用，但政府在众多网络行动者中并不是绝对的权威，成功治理的关键在于政府教育部门对其他教育主体的有效整合以及对政策网络的有效管理。政策网络治理主张，政府开放教育网络，倡导多元主体参与和互动，组织和协调各行动者的教育利益，建立信任机制，均等配置教育资源，避免政策网络治理的不足，提高治理的效果和水平，以使公共教育利益得以实现。政策网络治理为公共教育的有效治理和公共教育利益的实现提供了很好的启示。

在我国，教育供给的主体已经不仅是政府，各利益相关者对教育利益的诉求也不限于某一年龄段的人群和某一类学校，教育利益相关者呈多元化态势。政府已不必承担全部的教育供给。若要最大限度地实现公共教育利益，政府可以尝试开放教育政策网络，让更多的利益主体参与教育政策的制

---

❶ MARSH D, SMITH M. Understanding policy networks：towards a dialectical approach ［J］. Political studies，2000（48）：4 – 21.

❷ HEWLETT M, RAMESH M. Policy subsystem configurations and policy change：operationalizing the post positivist analysis of the policy process ［J］. Policy studies journal，1998，26（3）：446 – 481.

定和执行，均衡配置教育资源，建立协调和信任机制，增强治理的效果。

政策网络治理研究表明，教育政策网络的开放程度同公共教育利益的实现程度密切相关。高度开放的教育政策网络具有很强的包容性，能够最大限度地接纳教育政策利益相关者，能够使政府同其他教育利益相关者平行地互动。这样，在政策网络输出的公共教育政策中，教育利益相关者的诉求就会得以充分的体现和表达。因此，要最大程度地实现公共教育利益，公共教育政策的制定和执行需要广大利益相关者的参与和互动，才能收到良好的治理效果。我国在制定《国家中长期教育改革和发展规划纲要（2010—2020 年)》过程中，面向全社会公开征求意见，在一定程度上开放了政策网络，使绝大多数利益相关者的利益得以表达，有助于国家公共教育政策的制定和顺利执行。

教育政策网络的开放程度与对教育资源的依赖程度是相关联的。政策网络所依赖的资源主要包括权威、资金、合法性、信息和组织。❶ 这些资源的分布和使用决定着政策网络的开放程度。而对这些利益相关者来说，政策网络所依赖的资源分布越均衡，政策网络开放的程度也越高。在我国，城乡之间、东西部之间、地区之间、学校之间等在教育资源配置上存在不均衡，主要表现为城市和发达地区拥有较多的教育资源，而农村和不发达地区的教育资源相对较少，农村和

---

❶ MARSH DAVID, RHODES R A W. Policy networks in British government [M]. Oxford：Clarendon Press, 1992：10 – 11.

不发达地区的教育利益诉求有时得不到充分的表达。整个国家的教育均衡发展战略和教育公平的实现也就遇到了阻碍。因此，教育资源的均衡配置是实现教育公平和公共教育利益的必经之路。

政策网络治理不同于传统的政府治理和市场治理。政府治理依靠的是权威，是强制执行；市场治理依靠的是价格，是自由竞争；而政策网络治理依靠的是成员之间的信任和协调机制。在政策网络治理中，信任是一种核心的凝聚力，它的作用相当于政府治理中的合法权威。政策网络治理中信任是有风险的，不信任会造成不可估量的损失，因此需要协调机制来保证成员之间的信任。在协调时，行动者之间交换意见和分享信息，彼此考虑对方的利益和需求，基于共同的教育利益进行协商和对话，而不是通过强制来维护集体行动。在公共教育政策执行过程中，各利益相关者的利益冲突是不可避免的。政府作为公共事务的管理者，有责任在社会各教育利益行动者中建立信任机制，协调各方的教育利益，以使公共教育政策顺利执行，达到有效的公共教育治理目的，实现公共教育利益。

总之，政策网络治理既是一种新的政策分析框架，也是一种有效的公共治理模式和途径。从政策网络治理的视角来分析公共教育利益的实现问题，我们可以发现，教育资源的均衡配置是教育政策网络开放的前提。教育政策网络开放的程度决定了公共教育利益实现的程度，而行动者之间的水平互动、合作以及信任机制、协调机制的建立和培育是教育资源均衡配置的重要保障。当然，要实现教育资源的均衡配置需要一个很长的过程。要实现教育政策网络的全面开放更不是在短时间内可以完成的。公共教育利益的实现是在这一过程中逐步完成的。

（原载《现代教育管理》2010 年第 10 期）

政策网络视野下我国新型教育政策
执行模式构建的路径选择

党的十七大报告指出："人民民主是社会主义的生命。发展社会主义民主政治是我们党始终不渝的奋斗目标。"党的十七大报告还明确提出，社会主义民主政治建设的重点在于发展基层民主，完善民主管理制度，人民依法直接行使民主权利，管理基层公共事务和公益事业。在这种新要求下，我国传统的"线性"教育政策执行模式（即"自上而下"和"自下而上"的政策执行模式）面临新挑战。而政策网络为我国教育政策执行模式创新提供了一个很好的研究视角和分析框架，对构建新型教育政策执行模式具有借鉴意义。

一、政策网络：主要理论及内涵

政策网络是将网络理论引入政策科学而形成的一种分析框架和研究途径，它着眼于公共政策过程中政策主体的相互关系及其对政策过程和结果的影响。政策网络研究始于20世纪五六十年代的美国，后来在英国、德国和荷兰等国得到发展，现在盛行于整个欧美学界。政策网络研究的兴起被认为是对政策科学的一大贡献，它是西方学界寻求对政策决策

现象进行重新概念化的重要成果。❶

"网络"一词的本义是利于接触的。最先将网络分析方法应用到社会科学研究中的应当是社会科学。20 世纪四五十年代，社会科学在分析与描述人际关系、机构间的关联关系与互赖关系时，首先使用"网络"一词。学者们认为，"行动者并非如同原子个体一般在社会网络之外行动或者决策，不会一成不变地恪守其社会角色的职责，力图进行有目的的行动是嵌入在具体的、当前的社会关系网络中"❷。因为网络的概念可以更灵活、真实地分析不同层次人们的互动，所以在 20 世纪 70 年代引起政治科学家的重视和关注。他们认为，"公共政策是人民与组织之间复杂相互作用的产物，政策制定的网络概念更能提供真实政治如何发生的景象，能真实地认识到政策过程中的现实图景，避免了政治科学和政策科学在规范理论与经验分析之间摇摆不定的局面"❸。20 世纪 70 年代末，网络成为当代变迁的治理模式的适当隐喻，而取代多元主义、统合主义以及其他传统的治理模式。

由于各国的政治制度和文化的差异以及各自不同的学术传统，学者们对政策网络的本质认识也存在差异。当代西方政治学界对政策网络的研究呈现纷繁复杂的局面，形成了不

❶ KENIS P, SCHNEIDER V. Policy network and policy analysis: scrutinizing a new analytic toolbox [M] // MARTIN B, MAYNTZ R. Policy networks, empirical evidence, and theoretical considerations. Frankfurt am Main: Campus Verlag, 1991: 25 –29.

❷ EMIRBAYER M, GOODWIN J. Network analysis, culture, and the problem of agency [J]. American journal of sociology, 1999 (6): 30 – 65.

❸ 朱亚鹏. 公共政策研究的政策网络分析视角 [J]. 中山大学学报（社会科学版），2006（3）：80 –83.

同的理论和流派。一般认为，西方学者对政策网络的研究主要有三个不同的研究传统和理论流派。

一是以美国为代表的政策网络研究，他们从微观层面强调政策主体之间的相互影响和互动。美国对政策网络的研究源于对亚政府问题的研究。亚政府是指"专注在具体的问题领域中的小政治团体，有政府的行动者，也有非政府的行动者"❶。亚政府的研究主要关注"铁三角"模式，即政策制定和执行中不能忽视政府官员、国会议员和利益集团之间相互作用而形成的亚系统。美国学者认为，这个亚系统在政策制定过程中几乎处于垄断地位。1978 年，美国学者休·赫克罗（Hugh Heclo）发表《议题网络与执行权威》一文，通过对美国联邦政策决策过程的考察指出，"铁三角"在政策制定和执行中的确存在，但在多元社会中相对开放的"议题网络"必将取代这种封闭的"铁三角"关系。他指出："在寻找封闭的三角控制关系的同时，我们将会错过对政府冲击越来越强的比较开放的网络。"❷ 议题网络是一种围绕特定的政策问题而形成的参与者之间的松散网络，其参与者主要包括政府官员、国会议员、游说团体、商人、专家学者、大众传播业者等。这些成员可以随意出入网络，并以各自的方式

❶ LAR CARLSSON. Policy networks as collective action ［J］. Policy studies journal，2000，28（3）：502 – 520.

❷ HECLO H. Issue networks and the executive establishment ［M］//KING A. The new American political system. Washington：American Enterprise Institute for Public Policy，1978：87 – 124.

对政策的制定施加影响。❶ 总之，美国学者主要是从微观层面去研究政策网络，强调政策过程中的个人关系而不是组织之间的结构关系。美国学者的重大贡献在于提出了政策网络的概念，而赫克罗提出的议题网络更是激发了欧洲学者的研究兴趣，推动了政策网络研究的深入和发展。

二是以英国为代表的政策网络研究，他们从中观层面审视利益集团与政府之间的关系。英国学者一方面秉承美国的研究传统，强调个人之间的关系；另一方面认为政策网络起源于英国，对政策网络的概念有更清晰的认识。以罗茨为代表的英国学者们认为，美国的"铁三角"无法直接应用于英国这样的国家，因为立法机构在政策过程中发挥的作用相对美国来说是很小的，政策网络中最关键的构成部分是组织之间的结构关系，而不是这些组织内的个人关系。他们还清晰地阐明了政策网络的几个基本特质❷：一是行动主体间的相互依赖性；二是网络成员交换资源和利益协商的持续互动；三是互动按照"游戏规则"，并产生信任；四是在国家干预之外，社会是实质性的自治，政策网络具有自主性并可以自我治理。

三是以德国、荷兰为代表的政策网络研究。德国、荷兰学者从宏观上研究政策网络，用政策网络描述和分析国家与

---

❶ 林震. 政策网络分析 [J]. 中国行政管理，2005（9）：36 – 39.

❷ RHODES R A W, HUANG D, FANGDA D. Understanding governance：policy networks, governance, reflexivity and accountability [M]. Buckingham：Open University Press, 1997：24.

市民社会的关系。他们认为，政策网络是与市场、政府三足鼎立的第三种社会结构形式与国家治理模式。"政策网络的概念不只是一种新的分析视角，而是预示着政体结构的实际变革。"❶ "等级制的协调在当今世界已丧失其优越性，这是因为当今世界的种种特征：相互依存之日益紧密、日益扩展而又迅速变化；组织内部和组织之间、部门内部和部门之间以及国家内部和国家之间的互动日益频繁，但又总是为时短暂地跨越原有的各种边界。"❷ 在德国和荷兰学者看来，政府与市场作为一种治理模式都不适合当前这种国家与私人部门日益相互依赖的形势，而水平协商的自我协调的政策网络能够避免这些问题，成为一种新的治理模式。

虽然学界对政策网络的概念还没有形成一致的认识，这一理论也需要深入研究和不断完善，但其作为一种新的治理模式和研究框架，对我们探究公共教育政策的本质、创新教育政策执行模式具有一定的启示和参考价值。

二、政策网络理论：创新教育政策执行模式的新视角

政策网络作为一种新的治理模式和研究框架，其新的理论途径、方法和视野突破了传统教育政策分析的范式，为教

❶　MARSH D. Comparing policy networks［M］. Buckingham：Open University Press，1998：8.

❷　俞可平. 治理与善治［M］. 北京：社会科学文献出版社，2000：60.

育政策执行模式的构建和创新奠定了坚实的理论基础。

其一，传统线性教育政策执行模式把教育政策执行作为"功能—过程"进行分析。阶段分析法是教育政策执行分析的主导范式，也就是把教育政策执行分解为若干功能性阶段进行研究和分析，这样便于理解教育政策执行的过程。这种功能主义的方法没有对教育政策执行过程中各阶段所扮演的角色提供普遍的认同意义，也无法弄清楚不同的教育政策主体在政策执行过程中所扮演的角色。而政策网络的途径则视教育政策执行过程为多元行动者之间互动的结果，教育政策执行过程不再是教育行政部门纯理性的规划活动，不是将教育政策执行过程明确地分为截然不同的阶段，而是通过教育政策执行相关方的互动与结构关系来理解教育政策执行，并预测执行的结果。"透过政策网络分析，我们可以探究不同政策执行领域的不同结构类型，如'铁三角''议题网络'等在政策过程中所扮演的角色。"❶ 由此可以看出，政策网络分析有利于解释教育政策领域内、教育政策部门内形成的不同结构特征对教育政策执行过程的影响，从而丰富教育政策执行的研究。

其二，传统线性教育政策执行研究都是以个人或组织为分析单元，人为地把政府与社会分为两大独立的实体，强调政府的等级制度，没有重视各级政府及其各部门的复杂结构关系。同时，将个人与社会统一作为政策执行的目标群体，

---

❶ 谭英俊. 走向一种有效的公共政策执行模式——基于政策网络理论的启示 [J]. 内蒙古社会科学（汉文版），2008（4）：7 – 11.

没有意识到在教育利益结构分化的社会中社会组织之间，社会与个人、社会与政府、个人与政府之间的复杂网络关系。而政策网络打破了这一研究视野，将政府、社会、个人统一纳入复杂的社会网络关系，从而能更详细、准确地描述和分析教育政策执行过程。

其三，传统线性教育政策执行模式要么过于强调政府的作用，要么过于强调社会的作用。因此，在教育政策执行过程中，要么是等级科层制权力命令使社会、个人的教育利益无法得到充分体现，要么是教育政策执行力度不强而使其偏离。政策网络理论认为，政策执行归根结底是一种利益关系、利益结构的调整。政策网络的参与者之所以加入网络，实际上就是要表达自己的利益，强调教育政策主体之间是通过交换而达到协调与合作，而不是通过科层制下的命令与规制。这些教育政策主体之间的关系是相互依赖而不是独立的，而教育政策有效执行的关键在于政府在政策网络中的有效管理，达到实现公共教育利益的目的，从而更好地揭示教育政策执行的本质（即网络治理），为教育政策执行模式的创新和构建奠定基础。

三、当前形势下教育政策执行模式创新的可能

随着改革的深化，传统以国家教育权力为主要形式的公共教育权力开始变迁，出现了政府、市场、社会和学校并存的趋势，形成了新的社会关系和利益结构。这种巨大的变化

既对传统线性教育政策执行模式提出了极大的挑战，也为创新教育政策执行模式提供了条件。政策网络理论在中国的应用具备一定的现实条件。

首先，社会利益结构多元化推动了教育政策执行模式的创新。1985 年《中共中央关于教育体制改革的决定》发布实施以后，在某种程度上可以说我国的公共教育权力开始了变迁。《中共中央关于教育体制改革的决定》中明确提出："改革管理体制，在加强宏观管理的同时，坚决实行减政放权，扩大学校的办学自主权。"国家下放基础教育权力，学校有了更多的办学自主权；教育中介机构的产生、民办教育的复兴以及加入世界贸易组织后我国政府对教育贸易服务的承诺等，使公共教育权力自上至下从中央政府向地方政府、教育中介机构和学校下放，从内到外由体制内部向外部社会和市场领域转移。这样，在教育权力上就形成了政府、市场和社会并存的趋势，教育利益多元化格局开始形成。在这种情况下，许多教育利益主体的出现打破了传统线性教育政策执行模式。越来越多的教育利益主体为了维护自己的教育利益、寻求公平竞争的机会要求享有一定的公共教育管理权力，参与公共教育政策的制定和执行，希望在公共教育政策执行中体现其利益和价值。传统线性教育政策执行模式通过政府内等级结构强制命令的形式来推行公共教育政策的做法收效不大。这迫切需要我们创新公共教育政策执行模式，以适应社会发展的新要求。

其次，我国的政策环境为教育政策执行模式的创新创造了条件。所谓政策环境，是指政策生成、运行、发生作用的过程中一切条件的总和，主要包括自然环境、社会经济环境、体制或制度条件、政治文化、国际环境等。其中，体制和政治文化对政策制定和执行起到举足轻重的作用。政策总是在一定的经济和文化体制或制度下制定和实施的，政策过程的状况如何，在很大程度上受限于现实体制，因此政策的制定或实施都与体制息息相关。目前，我国的政治体制、经济体制为教育政策执行模式的创新创造了良好的条件。政治文化对政策制定和执行的影响也是深远的。美国政治学家加布里埃尔·A. 阿尔蒙德（Gabriel A. Almond）将政治文化定义为"一个民族在一个特定时间内对政治过程的态度和感情的总和，是政治体系的基本政治倾向"❶。作为一个"关系型"社会，我国的教育政策过程存在着十分复杂的政策关系网，运用"政策网络"的方法对这些关系进行具体研究要比传统的国家—社会模式研究更具解释力，特别是在我国政策过程中"人格化结构"比较明显的情况下。政策过程的"人格化结构"是指政策过程中与政治角色之间的个人关系紧密相连的政治权力结构。我国这种特有的政治文化为政策网络理论的应用提供了更契合的现实基础和理论背景。

---

❶ 刘建明. 宣传舆论学大辞典［M］. 北京：经济日报出版社，1993：500.

四、政策网络视角下构建新型教育政策执行模式的路径选择

政策网络是政策科学的一种新的分析框架和研究方法。在当代西方国家中的国家与社会功能分化初现端倪并逐渐使得国家决策主体结构出现分权化、碎片化，且传统政治与行政二元对立的政策决策理论对政策过程的诠释已力不从心时，政策网络应运而生。政策网络理论在对传统线性政策执行模式进行批判的基础上，强调政策执行过程中政策主体之间的关系、结构，反对将政策执行分为若干功能阶段，强调正式制度与非正式制度对政策结果的影响，重视政府在政策网络中的主导作用和有效的网络管理，主张政策主体之间的信任、协调和学习体制的建立，以达到对公共事务有效治理的目的。教育对整体国民素质的提高和国家的发展具有重要作用。我国政府多次强调教育优先发展的战略。教育政策是公共政策的一种，具有公共政策的某些特点，但因其教育性又区别于其他公共政策。在我国，教育政策执行中各种教育关系的复杂性是毋庸置疑的，多元教育主体利益也是存在的。因此，用政策网络理论来探究我国教育政策执行模式的创新具有一定的可行性。基于政策网络理论的视角，我国要构建新型教育政策执行模式可从以下几条路径着手。

1. 从"一元"到"多元"：扩大教育政策执行主体

在我国传统教育政策执行模式中，政府是政策执行的主

导，担负着执行所有公共教育政策的重任。各级教育行政部门在公共教育政策执行中当仁不让、责无旁贷。这种"自上而下"的线性教育政策执行模式发挥了重要作用，取得了令人瞩目的成就，但随着公共教育问题的增加、公共事务日益繁杂等，政府有限的教育资源、能力与民众需求的不断增加之间的矛盾日益凸显，教育行政部门的政策执行力与民众对公共教育政策贯彻落实的美好期望之间存在一定差距。在传统线性教育政策执行模式中，教育行政部门是教育政策执行的唯一主体，教育政策的制定和执行都是由教育行政部门决定，其他教育利益相关者未被纳入。"教育政策活动中'受益人缺席'的状态往往限制教育政策的利益相关者表达其多样化的利益诉求，从而危害教育公平。"❶

作为一种治理途径，政策网络理论认为，政策网络是一种独立于国家与社会互动的、与科层制和市场治理不同的治理模式。科层制治理因强制、僵化、封闭等导致失败，市场治理因追逐私利侵害公利违背社会公正而导致失灵。政策网络则将国家、市场和社会统一起来，将各级政府及其部门、私人组织等都纳入公共事务治理的范畴，强调主体之间通过信任、协调、学习等机制建立资源互赖的关系，形成结构化的互动行为，从而影响政策结果。政策网络理论倡导多元政策主体参与公共事务的管理，通过协商等途径达成共识。在我国传统教育政策执行模式中，教育政策主体单一，各教育

❶ 刘复兴. 公共教育权力的变迁与教育政策的有效性［J］. 教育研究，2003（2）：10－14.

利益相关者大多处于"缺席"状态。党的十七大报告中提出，我国建设社会主义民主政治，要加强基层民主建设，因而以"自上而下"为主的教育政策执行模式必然遇到挑战。倡导多元教育政策主体的参与，既符合政策网络理论的宗旨，也是对我国现实需求的满足。更多的教育政策主体参与后建立起教育政策网络，各教育利益相关者可利用自身的资源在教育政策网络中互动，从而表达自身的教育利益。因此，政府可以下放更多的权力，让更多的教育利益相关者参与教育政策的制定和执行，从而减少公共教育政策执行的阻力，达到更好的公共教育治理效果。

2. 从"命令控制"走向"灵活协商"：丰富教育政策执行工具

"教育政策工具就是政府赖以推行政策的方法或手段。"❶加拿大学者迈克尔·豪利特（Michael Hewlett）和 M. 拉米什（M. Ramesh）在《公共政策研究——政策循环与政策子系统》（1995）一书中根据政策工具的强制性程度，将政策工具分为强制性工具、自愿性工具（非强制性工具）和混合性工具三类。在政策执行过程中，政府要选择合适的手段。

在我国传统教育政策执行实践中，强制性工具是主要的教育政策执行工具，即使用行政命令的方法。强制性教育政策执行工具往往便于集中管理公共教育事务，比较适合特殊的教育问题，如教育经费的配置等。随着我国公共教育权力

---

❶ 黄忠敬．教育政策工具的分类与选择策略［J］．国家教育行政学院学报，2008（8）：47－51.

的变迁，社会的民主化、法治化进程的加快，社会公共问题日益复杂，仅仅依靠强制行政命令的手段执行公共教育政策已不能适应形势的变化。政策网络理论认为，政策网络是一种多元主体结构的链接，其内在的运行机制不是凭借强制命令的手段，而是处于网络中的政策行动者通过合作、协商、信任的伙伴关系确认共同目标，达成教育共识，以影响公共教育政策。这为我们创新教育政策执行模式提供了有益的启示。

传统教育政策执行力度不够的原因之一是我们选择的教育政策执行工具相对单一。这种强制性的教育政策执行工具，执行手段单一，执行方法陈旧，执行方式相对落后。当前在国家、社会和市场并存的情况下，丰富的教育政策执行工具有利于公共教育政策的有效执行。社会自身的治理能力也在不断地发展，政府可以更多地利用社会资源，倡导通过社会治理、个人与家庭、学校与社区、社会机构合作等途径在其互动的基础上实现教育政策目标。在教育政策执行过程中，应对不同的问题优化教育政策执行工具，采取灵活多样的执行方式，使政策工具更好地发挥作用，丰富教育政策执行的工具。教育政策执行工具的丰富有助于公共教育政策的有效执行。

3. "中心—边缘—中心"：调整教育政策执行信息传递的路径

政策信息的传递是政策网络研究的重要内容。政策网络理论认为，政策信息的畅通有助于政策的有效执行。传统线性教育政策执行模式中国家教育信息的传递是线性的，要么从上到下，要么从下到上，即国家教育信息传递是单一渠道的。在线性教育政策执行模式中，信息的单一传递与其线性教育政策执行本质有关，政府负责教育政策的制定和执行，社会中其他教育利益相关者是教育政策执行的对象，他们对教育政策的理解可能不够全面和深刻。即使在"自下而上"的模式中，虽然教育政策信息是从市场和社会传递到政府的，但这条传递渠道依然是线性的、单一的。虽然政府与市场和社会并存，但并未形成教育共识，其他社会群体的教育利益诉求缺少充分表达的途径。"一项公共政策的制定和推行，是需要各个利益相关方进行充分博弈的。如果一项公共政策没有经过广泛的讨论和博弈的话，各个利益集团的真正需求没有被照顾到，这项公共政策取得的共识程度就比较低，所以到后面大家对这项公共政策的执行就不可能关心了。"❶ 政策网络强调国家、市场和社会的统一。政府在政策网络中仍然处于中心位置，但政府的主要作用是协调国家、市场和社会之间的关系。在政策网络中，首先由政府发布政策信息，市场和社会与政府通过讨论达成教育共识，再由国家公布政策信息，这样政策信息的传递就是一个从"中心"到"边缘"再到"中心"的过程。我国在制定《国家中长期教育改革和发展规划纲要（2010—2020 年）》时就充分体现了这一点。

---

❶ 庄西真. 为什么我对《规划纲要》缺乏信心 [J]. 教育与职业，2010 (13)：1.

4. "信任""协调""学习"：建立有效的网络管理机制

政策网络理论认为，公共教育利益的实现与教育政策网络的开放程度有关。教育政策网络越开放，公共教育利益实现的程度就越高，反之亦然。但公共教育利益在教育政策网络中的有效实现，需要政府建立有效的网络机制，加强对教育政策网络的有效管理。

首先，要建立信任机制。信任是社会得以运转的重要基石，我们的日常生活是建立在对他人信任的基础之上的。政治上需要政治信任，经济上需要商业信任，教育上需要教育信任。教育政策网络的形成是建立在参与教育政策网络的各行动者之间的信任基础上的。没有信任，教育政策网络就不可能形成，就谈不上网络的治理。网络中的行动者在信任的基础上进行广泛的、持续的、稳定的交流，能够增加共识、减少分歧，使教育政策网络能有效地运行。其次，建立协调机制。政策网络是建立在各行动者之间信任基础之上的，而且是相互依赖的，也就是说教育政策网络中各政策行动者的教育利益是互相依赖的。各政策行动者维护自己的利益时，必然会与其他行动者产生分歧。在教育政策网络中，政府依然居于中心地位。要有效地发挥网络的作用，政府需要对各政策行动者之间的教育利益进行协调，遵循教育公正的原则，合理协调各政策行动者不同的教育利益。只有资源的相互依赖和信任，才能推动教育政策网络的有效运行。最后，要建立学习机制。政策网络并不是固定不变的，随着资源互赖关系的变化以及教育政策的终止，新的教育政策网络又会形成。政策网络中的各行动者应该互相学习，重新建立信任等关系，建立新的教育政策网络，更好地表达教育利益。同时，政府也要学习在新的教育政策网络中对各种利益关系进行有效协调、监督、激励，以实施有效的网络管理，达到公共教育有效治理的目的。

（原载《华南理工大学学报》2014年第2期，人大复印资源《教育学》2014年10月）

关系、结构与利益表达
——教育政策执行的网络模式

随着我国社会转型、市场经济体制建立、现代化进程加快，我国的社会结构发生了明显的变化。这种变化反映在教育领域中就是公共教育权力的转移，出现了政府、市场、社会和学校并存的趋势，形成了新的社会利益关系与利益格局。在传统的计划经济体制下，教育是由国家和政府负责的，主要是通过公共的途径来提供，公共教育权力主要是以国家教育权力的形式存在。当前，我国社会正处于转型期，随着市场经济体制的建立，国家公共教育权力逐渐下放到地方，学校因此拥有了更多的办学自主权；民办教育的兴起与发展使提供教育的主体不只局限于政府，出现多种办学主体并存的局面；学生、家长也拥有越来越多的教育选择权利等。这种公共教育权力的转移打破了以往的利益关系和利益格局，许多利益主体并存于社会各阶层。这些利益主体纷纷把与自己相关的教育利益诉求投入教育政策系统，各利益主体的不同利益呈复杂变化趋势，教育政策的有效性面临挑战。公共教育政策作为国家对教育利益的权威性分配，是调节教育利益冲突、保障教育公平的利器。在社会转型、公共教育权力转移的背景下，传统二元的教育政策执行模式（即"自上而下"和"自下而上"的教育政策执行模式）能否较好地解决这些问题面临挑战，因而建立新的教育政策执行模式显出其重要性和迫切性。

一、教育政策执行的二元模式

美国公共政策专家保罗·A.萨巴蒂尔（Paul A. Sabatier）曾指出："政策执行研究有两种基本途径：自上而下与自下而上的研究途径。"❶ 米切尔·黑尧（Michael Hill）也指出，政策执行研究的发展有两波：第一波以"自上而下"的模式为主，肯定政策制定者设定明确目标的权威与能力，目的在于形成完美的执行；第二波则是针对该观点加以批判，认为政策目标是由政策制定者与政策执行者共同协商达成的，目的在于找出执行的缺失。❷

自上而下的教育政策执行模式是教育政策执行研究较为成熟的模式之一，是以教育政策执行为中心的途径，以政府的政策决策作为研究的出发点，集中研究一些权威的决策，如计划、方案等如何经由行政体系的组织与责任分工而得到实践，进而实现目标。它强调政策制定和政策执行的分离性，认为二者有明确的分工和任务，上层政府及其官员确定政策目标，然后形成政策偏好，而基层政府及其官员的职责就是执行政策内容，落实政策目标。正如爱德华·佩奇（Edward C. Page）所言："自上而下的政策制定意味着决策

---

❶ PAUL A SABATIER. Top－down and bottom－up approaches to implementation research：a critical analysis and suggested synthesis ［J］. Journal of public policy，1986（6）：21－48.

❷ MICHAEL H. The policy process：a reader, harvester & whestsheaf ［M］. New York，1993：235－236.

的重要性完全取决于它是在科层等级的哪一层做出的，因此
最重要的决策一般是由政府机构的最高人物做出的。……而
处于科层等级底层的人们只是执行这些决策罢了。"❶ 依照
这种途径，政策过程被看作一根指挥链条，政策制定和政策
执行被看作政策过程链条上的两个环节。政策制定者确立政
策目标，政策执行者实践政策目标。基于这样一种政策制定
与政策执行的分立性原则，教育政策制定者被认为是处于确
定和指挥的优先地位，而教育政策执行者则居于执行政策和
实现政策目标的从属地位。但是，对政策执行的实际过程而
言，政策制定者所发挥的作用并不比政策执行者的作用大很
多。这种上行下令的指挥链条使得政策执行者缺少一定的自
由裁量权，从而造成托马斯·斯密斯（T. B. Smith）所说的
状态，即"政策一旦制定，政策即是执行，而政策结果与政
策制定者所预期的相差无几"❷。这种指挥控制充分体现了
自上而下的行政组织的科层原则，它追求政策理性、效率，
忽视了政策利益分配与政策目标的达成度，因而从根本上弱
化了政策效能。❸ 自上而下的教育政策执行研究路径为政策
执行研究提供了清晰的行动路线和运行轨迹，政策制定者能
清楚地陈述目标，政策执行人员也拥有必要的技术，愿意忠
实地执行政策，因此政策执行本质上是一种技术性或非政治

---

❶ EDWARD C PAGE. Political authority and bureaucratic power［M］. Har-vester Whestsheaf, 1992：61.

❷ SMITH T B. The policy implementation process［J］. Policy science, 1975
(4)：197－198.

❸ 邓旭. 教育政策执行的四重路径［J］. 江西教育科研, 2007 (5)：7.

性的决定。❶ 在涉及公共财产、空间资源和安全问题的时候，自上而下的教育政策执行路径有利于实现资源的均衡性、标准性，有利于实现教育公平，同时也可以提高政策的执行力。

虽然自上而下的教育政策执行研究路径有诸多优点，但在实践中也遇到一些问题。首先，这种自上而下的教育政策执行研究路径更多地关注上层决策者的目标和策略，忽视了社会团体、教育中介和机构等其他政策行动者在政策执行过程中的作用。自上而下的研究路径假设"政策制定者是政策执行的关键人物，这导致了对私营部门、基层官员、地方官员和其他政策子系统策略行为的忽视"❷。而实际上，非政府部门的策略性创造力和适度的自由裁量权对政策目标的实现可能产生一定的积极影响。其次，自上而下的研究路径强调政策制定者明确目标的权威与能力，目的在于实现完美执行。然而由于人的能力有限以及不确定因素的影响，使政策目标完全清晰是不太可能的。在政策执行的实际过程中，许多时候政策目标是模糊的，这是由于政策制定者为减少政策真正落实时可能造成的不利影响而有意将政策模糊化，或者因为政策本身是利益各方相互协调的结果，为使利益最大化而不可能使政策目标非常清晰。其结果是忽视执行主体和目

❶ NAKAMURA, ROBERT T, FRANK S. The political of policy implementation [M]. New York: St. Martin's Press, 1980.

❷ PAUL A, SABATIER. Top – down and bottom – up approaches to implementation research: a critical analysis and suggested synthesis [J]. Journal of public policy, 1986 (6): 30.

标群体的价值和利益，以及治理的政治性。自上而下的政策执行路径以完全理性人、韦伯的合法和理性统治模式、威尔逊的政治与行政二分法作为理论支撑。

自下而上的研究路径是在自上而下的研究路径基础上提出来的。20 世纪七八十年代，以爱尔莫尔等为代表的学者们提出了自下而上的研究路径。他们强调政策制定与政策执行功能的互动性，政策执行者与政策制定者共同协商政策目标的达成，形成了平行互动的合作关系。自下而上的研究路径以组织中的个人（即参与政策过程的所有行为者）作为出发点，而不以政策制定者的最高决策为中心，发挥政策执行主体和目标群体的作用，以政策链条上的较低和最低层次为研究基础。自下而上的研究路径认为，政策执行过程中上层政府及其官员不一定总是起决定作用，下层政府可以调整政策以便符合他们的想法和意见。❶ 因此，"政策必须与下级官员的需求，至少是行为模式相容"❷。自下而上的研究路径强调，应给地方政府或基层政府一定的自由裁量权，在分析和评估政策与执行时将地方政府或基层政府等地方行动者的利益作为考虑问题的出发点。政府在分析问题时应该考虑政策在多大程度上给地方行动者以充足的资源和在执行过程中遇到问题时有多大的空间可以应对政策的分歧。在这种模式

---

❶ 徐家良. 公共政策分析引论［M］. 北京：北京师范大学出版社，2009：179.

❷ LINDER S H, PETERS B G. A design perspective on policy implementation: the fallacies of misplaced prescription［J］. Policy studies review, 1987, 6（3）: 459 – 475.

中，教育政策的制定和执行基本被视为地方行动者（地方政府、地方教育行政部门、学校、教师等）估计自己的利益和目的的一个政策过程。由于政策制定和执行是一个相互关联的过程，所以在政策设计阶段决策者应该将知识、技巧和地方行动者的目标融入政策，给予其充足的资源和应对空间，政策执行才可能达到预期的目标。

与传统的自上而下的模式相比，自下而上的多元模式中，政策的执行缺乏连贯性并有一定的片面性，但它强调政策执行应该考虑直接的政策执行者的利益，以及根据各地的实际情况来执行政策，具有一定的现实意义。在教育政策领域中，自下而上的政策执行路径会涉及地方行动者的切身利益，如教师的福利与工资政策、教师教育政策、教师工作考核政策等。这些政策的执行常常需要较大的弹性，自下而上的路径对此能建构一个更适应政策环境的执行过程，其焦点集中于多元行动者追求目标的策略，对总体达成政策目标具有一定的现实意义。❶

二、继承与超越：教育政策执行的网络模式

政策网络是 20 世纪末西方学者考察公共管理和公共政策的新视角、新途径，是将网络理论引入政策科学而形成的一种途径和研究方法。政策网络理论的兴起被认为是对政治

---

❶ 董云川，滕文忠．东陆之光：高等教育研究院卷 [M]．昆明：云南大学出版社，2013.

学与公共政策学的一大贡献，它是过去二三十年里学界寻求对政策决策现象进行重新概念化的重要成果。❶何谓政策网络？目前仍未有统一的定义。一般认为，"政策网络是指在公共政策制定和执行过程中，政府和其他行动者为围绕共同的实际是不断地协商的信念和利益而结成的正式的（制度性的）和非正式的联系"❷。由于各国不同的政治制度、文化以及各自的学术传统，学者们对政策网络本质的理解也有所不同，但大都认为政策网络具有以下特质❸：第一，政策网络描述的是国家与社会的互动关系。第二，政策网络中存在多元的政策行为者，这些政策行为者之间具有相对独立的自主性，并且他们之间有很强的政策互依性，包括资源依赖、信息需求、政策合法化需求等。由于其互依性和自主性特点，也决定了政策网络中的政策行为者之间形成了平等合作的关系，再加上社会的无序性和环境的不确定性，政策行为者在参与活动中具有一定的流动性。第三，政策网络中存在复杂的关系联结，政策行为者的多元性造成了政策网络结构关系和人际关系的复杂性，政策网络结构或人际关系一般会影响政策结果。

传统二元的教育政策执行模式，两者都以组织或个人作

---

❶ KENIS P N, SCHNEIDER V. Policy networks and policy analysis: scrutinizing a new analytical toolbox［J］. Policy networks empirical evidence & theoretical considerations, 1991: 25 – 59.

❷ 林震. 政策网络分析［J］. 中国行政管理, 2005（9）: 36 – 39.

❸ 谭英俊. 走向一种有效的公共政策执行模式——基于政策网络理论的启示［J］. 内蒙古社会科学（汉文版）, 2008（4）: 7 – 11.

为分析单位，要么将政策执行视为政府部门独自承担的事情，忽视了社会团体利益和其他非政府组织在政策执行过程中的参与功能与责任；要么把政策执行看作一个纵向的单向度的过程，强调上级的主导作用；要么重视基层的影响力，忽视上下级组织及人员在政策执行过程中的互动作用与相互关系。而政策网络范式则把政策执行过程理解为多元行动者复杂互动的过程，把政府之外的利益集团、民间组织和社会民众以及社会资本、正式与非正式关系等都纳入政策分析框架。政策网络范式从行动者之间的关系与结构的视角去审视和诠释政策执行的过程，政策执行过程也就是行动者互动的过程和网络自身结构、文化不断变化中的网络管理过程。它突破了自上而下和自下而上的个体单元分析法，更好地反映和揭示了政策执行过程的本质。❶

　　政策网络研究范式之于教育政策执行，是在对自上而下的传统执行模式改进的基础上提出来的，同时也为自上而下的模式提供了更现实的替代模式。在教育政策执行中，自上而下的传统模式居于主导地位，自下而上的多元模式处于辅助地位。但随着教育行政机构效能化，教育组织的扁平化、虚拟化及模糊化，教育与受教育群体的多样化等，传统纵向的教育政策执行模式显得过于狭窄，教育政策执行的有效性受到一定挑战。政策网络研究范式考虑教育政策制定和执行发生在包括各种行动者（个体、学校、教育行政部门、教育

---

❶　谭英俊. 走向一种有效的公共政策执行模式——基于政策网络理论的启示［J］. 内蒙古社会科学（汉文版），2008（4）：7–11.

中介组织等）的网络中，这些行动者没有决定其他行动者的权力，政府与其他行动者处于平行地位。在网络中教育政策执行是在存在差异的理性、利益和策略而又相互依存的各方合作与不合作过程中进行的。政策过程不再被视为特定的目标执行的过程，而是作为行动者交换有关信息、目标和资源的过程。行动者的行为不是建立在价值共同感的基础上，而是建立在程序合约的基础上。❶ 这就更强化了政策执行中民众的参与。

三、关系、结构与利益表达：教育政策执行网络模式的关键要素

马克思曾指出"人们为之奋斗的一切，都同他们的利益有关"❷，并且这个"世界并不是一种利益的世界，而是许许多多利益的天下"❸。利益问题是关系人的生存与发展的根本性问题，是社会关系的本质，是人类活动的基本原则。教育作为利益的一种，个体可以通过教育提高个人素质，实现社会阶层流动，改变个人境遇；国家可以拥有一个高素质的社会阶层，从而有利于政治文明和开放、使公共政策易于理解和贯彻执行等。当前，在我国社会转型、市场经济体制

---

❶ 　查尔斯·J. 福克斯，休·T. 米勒. 后现代公共行政——话语指向［M］. 楚艳红，曹沁颖，吴巧林，译. 北京：中国人民大学出版社，2002：146.

❷ 　马克思恩格斯全集（第一卷）［M］. 北京：人民出版社，1995：203.

❸ 　马克思恩格斯全集（第一卷）［M］. 北京：人民出版社，1995：187.

建立的情况下，公共教育权力下放，学校、社会、个人对教育权利的诉求和愿望也越来越强烈。❶ 可以说，"教育利益已经成为我国社会利益主体普遍追求的根本性利益或共同利益"❷。

那么，民众的教育利益如何表达，或者说民众如何参与教育政策的制定和执行过程？

一般来说，民众的利益表达都是在一定的政治结构和政治制度下进行的。那么，什么结构有利于民众教育利益的表达呢？传统的自上而下的教育政策执行模式认为，民众应在正式的政治结构和正式制度下进行合法的表达。而传统正式的教育制度、结构主要是以科层制为组织形式，是一种权威性的政治结构，有利于政策和命令的统一与执行。在这种结构下，教育政策活动常常处于受益人"缺席"状态，教育利益相关者缺少表达利益的渠道。而自下而上的教育政策执行模式重视正式制度和非正式制度对民众意愿表达的重要作用。非正式政治结构主要是以利益集团的形式存在，利益集团利用自己的资源优势去影响政策的制定和执行。而问题在于民众的意愿虽然在非正式政治结构中能够得到较好的表达，但又如何让这些意见进入正式的政治结构从而引起教育政策制定者和执行者的注意，并使其教育利益在政策制定和

---

❶ 刘晓，石伟平. 高等职业教育办学模式改革论纲——基于利益相关者理论的视角 [J]. 职教通讯，2013（28）：1－5.

❷ 祁型雨. 利益表达与整合——教育政策的决策模式研究 [M]. 北京：人民出版社，2006：9.

执行中得到体现呢？非正式政治结构与正式的政治结构的关系应该怎样处理才能形成良好的互动关系？由于各种利益团体在社会中广泛存在，他们之间又形成了一种新的社会利益关系。这种社会利益关系对教育政策的制定和执行会产生怎样的影响？这些利益团体之间相互关系的强弱程度对政策的形成又有怎样的影响？显然，这些都是传统二元的政策执行模式不能做出回答的。❶

教育政策执行的网络模式尝试对这些问题进行解答。网络模式认为，教育政策制定和执行过程实际上是一个由宏观层面的正式政治结构、中观层面的网络结构和微观层面的非正式政治结构结合在一起的多层结构。民众因教育利益、教育资源、教育信息等因素相互依赖而通过微观层面结成诸多社会团体，形成一定的社会利益关系。这些社会团体吸纳民意，形成政治诉求，通过与正式的政治制度有效的互动使民众的意愿得到表达，这样中观层面的网络结构实际上对宏观层面的正式政治结构和微观层面的非正式政治结构起到了桥梁作用，使其能有效地连接。在这个互动的过程中，民众之间、民众与社会团体之间、社会团体之间形成一个网络结构。❷ 网络结构是指"网络参与者之间的关系形态，它包括网络规模（取决于行动者数目）；网络的边界：开放、流畅，

---

❶ 李瑞昌. 关系、结构与利益表达——政策制定和治理过程中的网络范式 [J]. 复旦学报（社会科学版），2004（6）：122－127.

❷ 董云川，滕文忠. 东陆之光：高等教育研究院卷 [M]. 昆明：云南大学出版社，2013.

或者是封闭的；网络连接的形态是混乱或秩序的；网络关系的强度与深度：互动频率的次数持久性"❶。这种网络结构对政策的执行和政策后果具有重要作用。在基思·道丁（Keith Dowding）看来，政策网络研究意义之所在就是"政策网络结构特征与政策后果之间的因果关系"❷。在政策网络理论中，结构并不是正式的政府组织结构，而是在网络行动者之间形成的实际上的或者潜在的关系模式。❸因此，学者们从不同的视角将某个领域的政策主体划分为不同的关系模式，并通过这些关系模式的描述来说明网络结构对政策制定和执行等政策过程的影响，以揭示政策网络对政策后果的影响。

罗茨运用政策网络概念研究英国的中央—地方关系，发展了政策网络类型。在他的理论模型里，权力、资源、规则和政治过程是政策网络分析的关键要素，而这些关键要素形成网络结构的关系模式，政策执行的过程也就是这些关系模式互动的过程。由于"政策网络是建立在资源依赖基础上的，而关系结构是分配、获取网络资源的桥梁，因此有利位置的网络行动者可以通过控制甚至阻断资源流向来获取对其

---

❶ 任勇. 政策网络的两种分析路径及其影响［J］. 公共管理学报，2005（8）：57.

❷ DOWDING KEITH. Model or metaphor? a critical review of the policy network approach［J］. Political studies，1995，43（2）：136–158.

❸ RICHARD SCOTT. Social network analysis：a handbook［M］. London：Sage Publications，2000.

他行动者的支配权和影响力"❶。也就是说，在政策网络关系中，有人处于核心地位，有人处于边缘地位。罗纳德·米歇尔（R. Mitchell）、唐纳·伍德（D. Wood）等人将这些处于"核心—边缘"程度的不同网络行动者区分为利益第一相关者、利益第二相关者与利益第三相关者，这些利益相关者分别占据了政策网络的核心位置、重要位置与边缘位置。❷这就表明，不同政策网络关系结构模式可能会同时存在于同一个政策执行过程中，并且不同的政策网络行动者在政策过程中的角色不是一成不变的。由于网络行动者在网络中处于不同的地位，其关系密切程度直接影响着网络结构关系的性质。政策网络理论认为，如果网络行动者之间关系紧密，成员资格有严格的限制，就会形成封闭性的网络结构（如"铁三角"，"铁三角"是指在政策过程中政府官员、国会议员和利益集团所形成的密切的排他的合作关系，在政策制定过程中几乎处于垄断的地位），反之则形成开放性的网络结构；如果网络行动者之间积极地互动、长期维持关系、多次或双向互惠交换信息和资源等，就会形成很强的网络关系，反之则形成弱的网络关系。当然，在这两种结构之间，还存在其他类似、接近封闭性与开放性结构之间的关系网络。网络的封闭性与开放性、强与弱的程度并不是绝对的，也有各自的

---

❶ 胡伟，石凯. 理解公共政策：政策网络的途径［J］. 上海交通大学学报（哲学社会科学版），2006（4）：17-24.

❷ MITCHELL R，AGLE BRADLEY，WOOD D. Towards a theory of stake-holder identification and salience：defining the principle of who and what really counts［J］. Academy of management review，1997（2）：853-886.

特点。封闭性的政策网络结构在政策执行过程中往往有利于统一指令的形成、传播和执行，有利于网络行动者之间的道德义务的规范，从而降低政策过程中的交易成本与风险。❶而开放性的政策网络的结构具有包容性特点，是不同网络行动者的协调合作，有利于形成民主决策、信息资源分享的机制。而对于强与弱的政策网络，罗茨和大卫·马什❷（David Marsh）通过大量的案例研究发现，那些强连接、高度整合的政策网络关系（政策共同体）往往产生可预见的政策后果，而弱连接、低度整合的政策网络结构关系则产生不可预见的政策后果。❸

至此，我们可以发现，教育政策执行的网络模式不仅重视正式与非正式制度和结构对教育政策制定和执行的重要影响，还注重分析教育政策行动者的利益表达对教育政策执行的影响，并强调教育政策行动者之间关系的强弱程度对教育政策制定和执行的重要意义。在方法上，它将制度分析和理

---

❶ 董云川，滕文忠. 东陆之光：高等教育研究院卷［M］. 昆明：云南大学出版社，2013.

❷ 罗茨在20世纪70年代后期从政策制定过程角度把政策网络分为专业网络、府际网络、地域网络与制造者网络。到了80年代后期，罗茨和马什根据网络成员的稳定性、限制性，与社会大众和其他网络关系的程度等因素，将政策网络进一步发展，分为政策社群、专业网络、府际网络、生产者网络与议题网络，认为组织间的结构性关系是政策网络的关键所在，政策网络内部的决策过程也就是网络参与者之间交换资源（包括权威、资金等）。到1992年，他们再次对原来的模型做了修正，将政策网络看作利益团体与政府关系的模型，网络的类型依据关系的紧密性形成一个谱系，"政策网络"是其通称。

❸ MARTIN SMITH . The agricultural policy community：maintain a closed relationship［M］// RHODES R A W. Policy networks in British government. Oxford：Clarendon Press，1992：28.

性分析结合起来，有效地弥补了传统二元教育政策执行模式单一的方法，试图解决教育政策网络结构与政策行动者、教育政策结构之间的关系；它十分强调教育政策主体之间的协调和合作（主体间主要是因为资源、信息、专业技术手段等相互依赖而实现合作的），而不是传统科层制下的命令与规制，从而全面深入地透视了教育政策行动者在一定的制度、社会文化背景下改变教育政策制定和执行的格局，有效地表达相关教育利益，从而更好地揭示了教育政策执行的本质。

在中国市场经济体制建立、公共教育权力转移的背景下，市场机制在教育领域中逐步建立起来，社会对教育的选择权力进一步加强，教育公平逐步得到认同，不同的公共教育权力主体在行使权力时既有合作也有分歧，教育的治理面临一定挑战，教育政策的有效执行遇到一定阻碍。如何解决它们之间存在的问题，政府教育行政机构在新的背景下又该如何保障教育的公共性和公益性？政策执行的网络模式无疑为教育政策的有效执行、公共教育权力机构对教育的有效治理提供了一条有效的途径和启示。当然，没有一种模式是万能的，只放大其中一部分而忽视另一部分，但是作为一种分析框架，它有利于分析教育政策执行中存在的一些问题，有利于达到有效的教育治理。

（原载《教育理论与实践》2010 年第 7 期）

政策网络中教育政策工具的选择

随着社会法治化进程的加快，社会公共问题日益复杂，当代中国公共教育决策过程也发生了很大变化，实际的教育政策过程是多元的关系主体、互相依赖的行动者通过复杂的关系联结而参与教育政策活动的过程。而这种教育政策过程中多元关系主体的相互依赖的行动者互动而形成的结构，即是政策网络中多元行动者之间关系联结的复杂性和强弱程度的差异，以及教育政策工具本身的复杂性给教育政策工具的选择带来一定的挑战。教育政策工具是政府推行教育政策的手段，也是教育政策执行时运用的实际方法和手段。教育政策工具的选择对教育政策执行具有重要作用，直接影响着教育政策的效果，因此在当前这种复杂的教育政策网络中科学合理地选择教育政策工具尤为重要。

一、政策网络：教育政策工具选择的核心环境

在教育政策执行"阶段论"研究中，为了便于理解教育政策执行过程，研究者们将教育政策执行分解为若干功能性的"阶段"进行研究和分析，将教育政策执行定义为教育政策方案的实施，实际教育政策问题解决的过程包括教育政策宣传、教育政策分解、组织和物质的准备、教育政策实验，以及组织、指挥、协调、政策评估等活动。但是，他们又对

教育政策执行中的若干功能性阶段所扮演的角色没有形成一致的认识，也无法清楚地认识不同的教育政策主体在执行过程中所充当的具体角色。在教育政策执行实践中，教育政策执行也常常并不像"阶段论"中所说按部就班地进行，而是会因为教育政策执行的环境、文化、制度等因素的制约而表现有所不同。在我国，参与教育政策活动的主体越来越多元化，多元主体之间不同教育利益的平衡在教育政策制定与执行中经常遇到，各利益主体之间的关系既有竞争亦有合作，因为自身或者其所代表的利益群体的教育利益之间互相竞争，又因为自身资源、信息、专业技术的不足而不得不互相依赖，在教育政策制定与执行中处于一张复杂而紧密的关系"网"中。

政策网络是指"在公共政策制定和执行过程中，政府和其他行动者为围绕共同的实际是不断地协商的信念和利益而结成的正式的（制度性的）和非正式的联系"[1]。它是分析政策过程中多元利益主体参与政策过程的一个基本分析框架，强调正式制度与非正式制度对政策执行的重要影响，重视政策行动者之间的关系及其结构对政策结果的影响。这种政策过程中多元关系主体的相互依赖的行动者互动而形成的结构即是政策网络，而教育政策的制定与执行就是在政策网络中完成的。可以说，政策网络是教育政策工具选择的核心环境。正如 R. 巴格丘斯（R. Bag-chus）指出：政策网络是

---

[1] 林震. 政策网络分析［J］. 中国行政管理, 2005（9）: 36 – 39.

政策工具选择的现实背景。政策工具的选择并不是出于真空操作的，而是出于政策共同体（policy community）。❶ 德·布鲁金（B. Guy Peters）与坦霍伊维尔霍夫（Frans K. M. Van）也认为，由于政策网络是一个被接受的事实，因此中心议题是政策工具能否符合网络般的政策背景。❷ 之所以说政策网络是教育政策工具选择的核心环境，是因为在教育政策网络中政策网络的不同类型会影响教育政策工具的选择，教育政策工具选择得是否合适对教育政策的效果将会产生很大的影响。

二、教育政策工具的分类

对教育政策工具分类的探讨，学界大多认同政策工具的类型划分的观点。有的直接套用政策工具的分类，如马思放在《教育政策工具初探》一文中根据政策工具的分类把教育政策工具分为强制性工具、混合性工具、自愿性工具等三大类型，并认为这些工具适合不同的教育情境，在我国的教育事业中发挥着不同的作用。❸ 黄忠敬在《教育政策工具的分类与选择策略》一文中直接采用麦克唐纳（L. M. McDonnell）和埃莫尔（R. F. Elmore）的分类，把政策工具分为五种，即命

❶ B. 盖伊·彼得斯，弗兰斯·K. M. 冯尼斯潘. 公共政策工具：对公共管理工具的评价 [M]. 顾建光，译. 北京：中国人民大学出版社，2007：55，57.

❷ B. 盖伊·彼得斯，弗兰斯·K. M. 冯尼斯潘. 公共政策工具：对公共管理工具的评价 [M]. 顾建光，译. 北京：中国人民大学出版社，2007：55，57.

❸ 马思放. 教育政策工具初探 [J]. 管理观察，2009（2）：17–18.

令性工具、激励性工具、能力建设工具、系统变革工具和劝告或劝诱工具，并认为这些不同类型的工具有不同的优缺点，适合不同的教育情境，在选择教育政策工具时要采取不同的策略，综合运用这些工具。❶

有的是在政策工具分类的基础上细化工具类型，如侯华伟和林小英在《教育政策工具类型与政府的选择》一文中将教育政策工具分为政府常用的教育政策工具和可选择性的教育政策工具。政府常用的教育政策工具包括权威工具、象征和劝诫工具。可选择性的教育政策工具包括激励工具、能力建设工具。❷

另外，林小英和侯华伟在《教育政策工具的概念类型：对北京市民办高等教育政策文本的初步分析》一文中又借鉴麦克唐纳、埃莫尔、施耐德（Schneider）和英格拉姆（Ingram）对政策工具的理想类型的分析，结合北京市民办高等教育政策的具体情况，将教育政策工具又分为权威工具、激励工具、象征与劝诫工具、能力建设工具、系统变革工具和学习工具六种类型。❸ 由此可以看出，关于教育政策工具的分类学界并没有形成统一的认识，但总体而言强制性工具、混合性工具和自愿性工具是教育政策工具最基本的分类。同

---

❶ 黄忠敬．教育政策工具的分类与选择策略［J］．国家教育行政学院学报，2008（8）：47 – 51.

❷ 侯华伟，林小英．教育政策工具类型与政府的选择［J］．教育学术月刊，2010（4）：3 – 14.

❸ 林小英，侯华伟．教育政策工具的概念类型：对北京市民办高等教育政策文本的初步分析［J］．教育理论与实践，2010（9）：15 – 19.

时，我们也可以看出，不同学者都指出教育政策工具应根据不同的教育情境进行选择，不同的教育政策工具具有不同的功用。

三、政策网络的四种类型及其相关的教育政策工具选择

在政策网络学者看来，政策网络因其规模、边界、成员之间的关联性、权力等而表现出不同的网络形态。关于政策网络的形态，学界也有不同的认识。罗茨和马什认为，政策网络应该是一个表现形态不一的光谱，两端分别是政策社群与议题网络（见图1），即当网络中成员的联系很紧密且目标高度一致时就形成了政策网络，相反则是议题网络，而中间还有其他因关系强弱程度不同和目标是否一致而形成的不同网络类型。可见，网络的特征与关系的强弱程度、目标是否高度一致有关。

图1❶　政策网络的形态

---

❶　MARSH DAVID, RHODES R A W. Policy networks in British government [M]. Oxford：Clarendon Press，1992：13 - 14.

在政策网络学者看来，教育政策行动者之间的关系及其结构对教育政策的结果具有重要的影响。他们认为，网络中教育政策行动者关系的强弱程度基于行为者（个体、群体和组织）互动性的强度，并用"相互关联性"来表示。这里的互动不仅指的是在相关政策形成过程中的接触，在实践过程中在这种关键时刻形成的习惯，还指这些行为者在其他过程中接触的可能性之外，这些关系的起源还有赖于中介群体和组织的出现。这些中介群体和组织是为了增进政策网络中的接触，鼓励人员的共享或转移，用"连贯性"来表示网络成员之间的目标是否一致。这些目标可能是相互冲突的，也可能是相互包容的。其连贯性的程度可以说是个体、群体及组织对各自的属于本政策领域的目标相互同情的程度。这样的同情一半源于他们共同的价值观和世界观。它不是一种具体的而是一般的一致性。❶ 也就是说，政策网络的类型受"相互关联性""连贯性"制约，不同的网络类型中其成员的目标和互动关系是不一样的，会出现强连贯性和强相互关联性、强连贯性和弱相互关联性、弱连贯性和强相互关联性、弱连贯性和弱相互关联性四种情况，因此要实现有效的网络管理，应该根据成员之间的相互关联性和连贯性的不同而选择不同的政策工具。

第一，强连贯性和强相互关联性。在这种网络类型中，教育目标群体行为的一致性很强，都有共同的目标，自身的

❶ B. 盖伊·彼得斯，弗兰斯·K. M. 冯尼斯潘. 公共政策工具：对公共管理工具的评价 [M]. 顾建光，译. 北京：中国人民大学出版社，2007：8-88.

利益一致性很强，那么这种政策执行选择任何政策工具都可以。比如，大学生志愿服务西部计划（以下简称"西部计划"）是由中国共产主义青年团中央委员会、教育部、财政部、人力资源和社会保障部共同组织实施，从 2003 年开始按照"公开招募、自愿报名、组织选拔、集中派遣"的方式，每年招募一定数量的普通高等院校应届毕业生，到西部贫困县的乡镇从事 1～2 年教育、卫生、农技、扶贫及青年中心的建设和管理等方面的志愿服务工作。志愿者服务期满后，鼓励其扎根基层，或者自主择业、流动就业。这个计划的目的是解决西部落后地区农村教育的师资问题。其政策目标群体主要是全国的大学生和西部各地农村，他们的共同目标几乎是一致的，就是要改善西部教育条件，那么政府在推行这项教育政策的时候可以采取强制性教育政策工具，也可以采取鼓励、提供补助等自愿性教育政策工具。政府在推行西部计划过程中，不仅向西部地区投入了大量的财力和物力，而且对大学生个人也有鼓励政策。这就为维持个人利益秩序所必需的政策工具留下了空间。

第二，弱连贯性和强相互关联性。在这种网络类型中，政策行动者关系紧密，但其共同目标的连贯性较弱。比如，在教育捐赠政策方面，社会团体和个人都有自身的教育利益，但其可以选择捐赠，也可以选择不捐赠。这时，教育政策的执行如果单纯选择某个教育政策工具，就很难实现其政策目标，所以强制性政策工具就会发挥作用。当政府采取强制性政策工具对目标群体强调社会责任感，强调每个人或社会团体都应有回报社会的责任感和价值观，强调某些义务时，强制性政策工具对其具有促进作用。

第三，强连贯性和弱相互关联性。在这种政策网络中，政策行动者的目标和价值观等几乎一致，但彼此之间的依赖关系不强，这样网络关系中对行动者的某些规范诉求就会欠缺。这种网络类型最大的不足就是资源相互依赖程度低，或者说缺乏资源的彼此依赖，那么在这种政策执行过程中政策工具选择协商、补助等形式可能更好。比如，在我国的职业教育政策中，由于受传统观念的影响，选择职业技术学校的学生占比较低，但整个社会经济的发展又需要职业技术人员，所以国家会采取各种措施鼓励和支持职业技术教育的发展。参与职业教育政策网络的教育政策行动者主要有中央和地方的各级教育行政部门、财政部门、职业技术学校、学生等。由于大多数学生不愿意去职业技术学校，国家教育行政部门也不能强迫学生，职业技术学校也因为生源少而遇到办学困难等问题，因此国家只有通过各种途径阐明职业教育的意义，给职业技术学校及选择职业技术学校的学生以适当补助，以便发展职业技术教育满足社会发展的需求。

第四，弱连贯性和弱相互关联性。在这种网络中，政策行动者之间没有一致的政策目标，资源相互依赖程度很弱，也就是罗茨和马什所说的议题网络。这种情况缺少对政策目标群体的规范诉求，政策行动者之间几乎没有太多关系等。这时候，若选择自愿性的教育政策工具，那么政策执行的目标必然难以实现。比如，国家的义务教育政策，在该政策实施过程中形成的政策网络往往是这样的，政策对象之间并没有一致的政策目标，也不需要资源的依赖，国家提供免费的资源。如果不采取强制性政策工具，有些人可能选择义务教育，有些人可能选择不接受义务教育，那么很难实现基础教育的整体目标，难以从整体上提高国民素质。

从以上分析可知，在教育政策网络中，教育政策工具需要根据不同的网络类型灵活选择运用，而不是单纯地选择某种政策工具。实际上，在我国的教育政策执行实践中，政策工具的多样性已经显现。近年来，国家在制定和执行重大教育政策时都会广泛听取不同意见，采取各种措施，使教育政策执行顺畅，最大程度地实现公共教育政策的目标。

四、政策网络中教育政策工具选择的策略

教育政策工具的选择会受到各种交织在一起的因素的影响和制约，在实际操作中并不是从教育政策工具箱中拿来即用，而是要对教育政策工具进行优化、组合，提高教育政策工具的执行力，并对教育政策工具进行有效的评估，以使教育政策工具发挥更大效力，为教育政策实践更好服务。

第一，教育政策工具的优化、组合。在教育政策网络中，虽然各政策行动者之间具有合作的意识，但各行动者之间的利益并不一致而是多元的，有时甚至存在分歧。面对多元教育利益的诉求，单一的教育政策工具的效果就不那么明显了，因为任何一种教育政策工具的运用都是对不同利益的

协调，而目前并没有任何一种教育政策工具能够满足所有教育利益群体的诉求。另外，教育政策工具本身的复杂性也是我们未必能全部掌握的，有的教育政策工具在具体的政策过程中在很大程度上能够被政府、利益集团或民众接受，但这种教育政策工具未必有效，教育政策工具会受到教育政策执行机构和相关利益群体的认可和理解等因素的制约，所以在实践中教育政策工具的优化、组合显得尤为重要。"现在，人们认为，工具的同时使用并且协调的运作更符合现实社会经济发展的需要，工具的优化组合可以取长补短，避免单个工具应用的片面性。"❶ 从中可以看出，不同教育政策工具的组合可以收到运用单一教育政策工具难以达到的政策效果。

第二，教育政策工具的执行力及教育政策工具评估。教育政策工具的执行力是教育政策过程的核心环节，其成败直接影响着教育政策效益和价值的实现。日本著名教育政策学家宗像诚指出："所谓教育政策，是指由权力所支持的教育理念。"❷ 由此，我们可以看出，教育政策工具能否有效地执行与相关教育行政部门的支持有着密切的联系。同时，教育目标群体的支持和认可对教育政策工具的执行也具有十分重要的作用。只有让教育目标群体认识到教育政策工具有利于他们的教育利益，才可能得到他们的积极支持，也才能提高教育政策工具的执行力。

---

❶ 陈振明. 公共管理学［M］. 北京：中国人民大学出版社，2006：503.
❷ 吴遵民. 教育政策学入门［M］. 上海：上海教育出版社，2010：9.

教育政策工具评估是一种新的政策评估方法和手段，能在一定程度上弥补教育政策评估的有限性。虽然教育政策工具评估与教育政策评估具有一定的联系，都要看最终的教育政策结果能否有助于公共教育问题的解决，但它们也有本质的区别。教育政策评估着重于对教育政策工具实体的评价，而不是对整个教育政策过程的分析，其实质是运用教育政策中的一个核心部分——教育政策工具对教育政策从整体上进行考量。对教育政策工具的评估，一方面是要考虑其可行性和有效性，能否使教育政策顺利执行，达到预期的教育政策效果；另一方面就是要考察其执行力，如果其执行力不强，不能使教育政策顺利执行，就要考虑从教育政策工具箱中重新选择其他教育政策工具，通过优化组合新的教育政策工具来代替原有教育政策工具，以使教育政策顺利执行，达到更好的教育政策效果的目标。

（原载《现代教育管理》2012 年第 12 期）

教育政策何以被扩散及如何扩散

一、问题的提出

随着经济全球化和信息化时代的到来，信息交互成为当今时代的主要特征，教育政策信息传播和扩散活动随之加速。世界上任何一个国家或地区的新的成功的教育政策实践，往往会迅速地被传播或推广到其他国家或地区。这些国家、地区或部门的教育政策决策者往往也会受其他国家、地区或部门教育政策行为的影响，从而形成跨国家、地区或部门的教育政策创新扩散现象。而随着全球治理环境的复杂化和多样化的加剧，政策创新也成为各国政府面对公共治理挑战的重要手段。以校园欺凌为例，1999 年美国"科伦拜校园枪击事件"之后，佐治亚州第一个通过了《校园反欺凌法》应对严重的校园欺凌事件，随后其他各州也相继通过。到 2006 年，美国有 16 个州通过了《校园反欺凌法》。截至 2015 年 4 月，蒙大拿州通过该法案，美国 50 个州全部通过《校园反欺凌法》。2003 年，英国下议院教育与技能委员会发布《反欺凌行动宪章》，要求每个学校都必须有相应的具体政策来执行该法案，以应对校园欺凌事件。2013 年，日本国会颁布《防止欺凌对策推进法》，将避免校园欺凌问题推向法治化进程。

随着教育政策创新扩散❶活动的丰富，教育政策创新扩散也逐渐引起了学者们的关注，并成为教育政策研究的重要课题。我国的教育政策为什么会在不同区域、不同层级政府或部门之间发生创新扩散？这些扩散又是如何进行的？诸如此类的问题成为学者们关注并尝试回答的问题，由此也收获了较为丰富的研究成果。

中华人民共和国成立 70 年来，国家大力支持教育的发展，灵活运用教育政策工具，使教育事业得到迅速发展。在教育治理过程中，国家、地区以及部门之间的教育政策创新扩散成为这一阶段我国教育政策活动的主要特征。特别是改革开放以后，我国东西部地区之间、城乡之间、各级政府或部门之间的教育政策创新活动愈发频繁。由此，有必要对这些教育政策创新扩散活动进行深入研究，分析其基本特点，把握其基本规律，进一步提炼构建本土的教育政策扩散理论，从而提升我国教育治理水平和教育政策创新的理论水平。

二、教育政策创新扩散理论研究分析

政策创新扩散研究最早始于 20 世纪 60 年代的美国。1969 年，政策学家杰克·L. 沃克尔（Jack L. Walker）运用历史事件分析法和回归分析法来解释美国各州政策创新的时

---

❶ "政策创新"与"政策扩散"往往是统一连续的活动过程，因此文中所说的"教育政策扩散"包含"教育政策创新"的活动过程。

间顺序。沃克尔是政策创新扩散研究的开创者，此后经埃弗雷特·M. 罗杰斯（Everett M. Rogers）、贝瑞（Berry）夫妇、格洛尔（Glor）等人的努力，政策创新扩散理论得到了迅速发展，成为政策研究的重要内容。关于什么是政策创新扩散，众说纷纭、见仁见智，但是学界大多采用沃克尔和罗杰斯的观点。沃克尔认为，政策创新是指一个政府首次采纳的政策或项目，无论这个政策或项目出现的时间有多久，不管其他政府是否采纳它。❶ 罗杰斯认为，政策扩散是指政策创新经过一段时间，经由特定的渠道，在某一社会团体或组织中传播的过程。❷

在我国的教育领域，教育政策创新扩散现象十分普遍，但对教育政策创新扩散的关注却是近十年的事情。2009 年，杨启光教授在《全球化进程中的国际教育政策转移》一文中，首次介绍了国际的教育政策创新扩散。他指出："随着全球化进程的推进，各国教育改革政策的制定者在面临类似的经济与社会问题时，现在都会参照他国的经验……，使得国际教育政策的传播与转移日益成为教育理论研究与国际教育合作的重要内容，不同国家以此为借鉴来完善与优化本土教育政策，努力实现教育政策创新。"❸ 随后他又介绍了教育

❶ WALKER JACK L. The diffusion of innovations among the American states ［J］. The American political science review，1969（3）：880 – 899.

❷ 埃弗雷特·M. 罗杰斯. 创新的扩散 ［M］. 北京：中央编译出版社，2002：5 – 6.

❸ 杨启光. 全球化进程中的国际教育政策转移 ［J］. 国外社会科学，2009（6）：113 – 117.

政策转移的动力模式，主要有"学习—问题解决""竞争—创新""强制—规范"等几种可能的动力模式。❶虽然他并没有正式使用"教育政策创新扩散"一词，但是文中所提的教育政策转移正是教育政策创新扩散活动的一种。教育政策创新扩散活动包括经验总结、政策学习、政策趋同、转移和模仿，它们都在不同层面描述或解释政策扩散，都是政策创新扩散的组成部分。

随着公共政策领域对政策创新扩散研究的热度持续增加，教育领域的学者对政策创新扩散的研究也逐渐增多。除了杨启光教授的两篇理论性文章之外，其他学者更多地是运用政策创新扩散理论来研究某项具体的教育政策，如王玉庆以浙江省"三位一体综合评价"招生政策为例，分析了教育政策扩散的动因及过程❷；凌磊以政策创新扩散理论为基础，对我国自主招生考试政策的影响因素及实现路径进行了实证分析，对北京、上海等地 2003—2017 年的自主招生政策在各省之间的扩散进行了研究，借助政策创新扩散曲线图，采用时间序列回归分析和截面数据回归分析等定量研究方法，对我国自主招生考试政策在时间维度和空间维度的创新扩散趋势进行了分析❸；刘之远从技术文化和技术创新扩散的角

❶ 杨启光. 全球教育政策转移的动力模式［J］. 教育发展研究，2012（11）：61–64.

❷ 王玉庆. 教育政策扩散的动因及过程分析——以浙江省"三位一体综合评价"招生政策为例［J］. 浙江工业大学学报（社会科学版），2016（3）：328–333.

❸ 凌磊. 我国自主招生考试政策的影响因素及实现路径——基于政策创新扩散理论的实证分析［J］. 复旦教育论坛，2018（3）：51–57.

度分析了大学教师教学发展与教育技术的整合❶；周文辉和贺随波对博士生招生"申请—考核"制在我国"双一流"建设高校中的扩散进行了制度分析，认为高校在实施这一政策过程中主要基于模仿、强制、规范和竞争等机制❷；张端鸿和陈庆以"双一流"政策为例，对省级行政区域高等教育政策创新扩散的动力机制进行了研究，认为省级行政区域在创新扩散"双一流"政策过程中主要有强制、学习和竞争等几种机制❸。

　　基于上述研究可以看出，在教育政策领域，对教育政策创新扩散的理论研究相当匮乏，不利于对教育政策创新扩散的实践活动及教育政策过程本质的理解和把握，更不利于教育政策实践活动的高质量开展。因此，有必要根据我国的政治体制、历史文化等方面的具体情况，运用公共政策创新扩散的基本分析工具，基于我国教育政策扩散的实践活动，总结提炼推动教育政策创新扩散的动力机制和扩散模式，以期构建基于我国教育政策实践的教育政策创新扩散理论。

　　❶ 刘之远. 大学教师教学发展与教育技术整合研究——基于创新扩散的视角［J］. 湖北社会科学，2018（6）：164－172.

　　❷ 周文辉，贺随波. 博士生招生"申请—考核"制在我国"双一流"建设高校中扩散的制度分析［J］. 中国高教研究，2019（1）：72－78.

　　❸ 张端鸿，陈庆. 省级行政区域高等教育政策创新扩散的动力机制研究：以"双一流"政策为例［J］. 教育发展研究，2019（7）：53－59.

三、推动我国教育政策扩散的主要动力机制

任何教育政策活动的开展都有若干动力因素在起作用。探寻教育政策何以被扩散，实际上是找到那些直接或间接地引发教育政策扩散活动的动力因素。教育政策扩散的动力机制是指，假设先前政府采纳了某项教育政策，那么后来其他政府是基于何种原因决定同样采纳该项教育政策的过程，这一过程就是教育政策扩散的动力机制。机制不同于影响因素，是一个能够促进或阻止变化的过程，影响因素只有通过机制的作用才能产生结果。❶

国内学者对我国教育政策创新扩散的动力机制进行了初步探索与研究，如基于博士生招生"申请—考核"制在我国"双一流"建设高校中扩散的活动，对教育政策创新扩散理论的本土化应用做出了一定的调适，指出高校往往基于模仿、强制、规范和竞争等机制来实施这一政策。❷ 但是，结合我国教育政策行动者对教育政策创新扩散活动机制的具体分析还没有深入展开，因此，我们尝试根据我国教育政策行动者的实践和特点，对教育政策创新扩散的动力机制进行深入研究，总结出我国教育政策创新扩散的几种主要动力

---

❶ 王建. 城乡一体化义务教育发展战略和机制：基于苏州和成都的时间模式研究［J］. 教育研究，2016（6）：43－50.

❷ 张端鸿，陈庆. 省级行政区域高等教育政策创新扩散的动力机制研究：以"双一流"政策为例［J］. 教育发展研究，2019（7）：53－59.

机制。

（1）学习机制。教育政策制定者往往会有选择地向其他教育政策制定者学习政策经验。一般而言，后发其他教育政策决策者会在对先前教育政策决策者的教育政策信息与政策有效性进行充分了解的基础上，理性判断该教育政策是否"成功"。在我国的教育政策实践中，各级政策决策者经常会进行主动的政策学习活动，如参观、考察、调研等。这些政策学习活动主要有以下几类：一是向发达国家开展政策学习。在我国的教育政策决策过程中，"国外经验借鉴与启示"或"发达国家经验借鉴"是教育政策制定中论证政策有效性的重要内容，如中华人民共和国成立之初的高等教育向苏联学习的一些决定、我国部分省市推行的"教育券"政策等。这些政策学习活动使国际性组织或区域性国际组织及相关国家的教育政策在我国传播和扩散。二是向国内发达地区的教育政策学习。比如，我国东部地区的职业教育发展水平较高，在办学形式、投入等方面取得了成功的经验，西部地区的职业教育向东部地区学习。三是向政策领先地区学习。比如，在实现城乡义务教育一体化发展过程中形成的"成都模式"和"苏州模式"❶，为不同发展水平地区推进城乡义务教育一体化发展提供了有益的参考和借鉴。

（2）模仿机制。模仿机制是教育政策制定者直接套用、复制其他地方政府或同级部门政策的过程，侧重于落后地区

---

❶　王建. 城乡一体化义务教育发展战略和机制：基于苏州和成都的时间模式研究［J］. 教育研究，2016（6）：43－50.

对领先地区的刻意模仿,对教育政策本身的效果和内容关注不够。与学习机制不同的是,模仿机制只关注哪一个教育政策值得模仿,而不关注领先地区教育政策的创新之处及是否有效。我国的教育政策活动过程中普遍存在政策领跑者和政策追赶者,追赶者大多模仿或效仿政策领跑者的做法❶,如高校在人才引进方面的政策大致相同、不同高校的职称评定政策也变化不大。而模仿机制发生的机理:一方面教育政策的模仿能够加强民众和教育政策对象对教育政策的认同,增强教育政策执行的合法性和效果;另一方面通过模仿制定的教育政策可减少教育政策制定和执行的成本,减少政策执行中教育政策失真的风险及政策失败后责任主体的归因风险,可能更容易获得上级的肯定和批准。

(3)竞争机制。在我国的教育政策活动过程中,地方政府在地区或部门之间普遍存在着"互相看齐"的竞争机制。各级地方政府作为教育政策创新扩散的主体,尤其是同级政府之间存在提供相对优质的地方公共教育产品和教育服务的竞争压力。这种状况使得地方政府之间产生了非常激烈的竞争效应。在实践中,地方政府在教育政策活动中倾向于"互相看齐",不断为地方教育发展争取政策上的竞争优势。比如,各地的"双一流"政策、人才引进政策,除了中央制订的人才计划(如万人计划、长江学者等)外,地方也纷纷推出人才引进计划,如云南的"千人计划""万

---

❶ 王浦劬,赖先进. 中国公共政策扩散的模式与机制分析 [J]. 北京大学学报(哲学社会科学版),2013(6):14-23.

人计划"、湖北的"双百计划"，还有其他省的珠江学者、长白山学者、钱江学者等。由此可见，地方政府或部门所面临的竞争性环境和压力，造就了教育政策创新扩散独特的竞争机制。

（4）行政强制机制。我国在教育政策创新扩散过程中，一方面中央政府及其部门可以将教育政策直接嵌入地方政府或部门的议程活动以推动其创新和扩散；另一方面上级政府及部门直接就政策内容做出指示，推动教育政策的直接扩散。比如我国的异地高考政策，2012年9月1日国务院办公厅印发文件，要求各地在2012年12月31日前出台异地高考具体办法。2013年年初，全国已有29个省（区、市）不同程度地公布了异地高考方案。当然，随着我国行政管理体制的简政放权，行政强制命令政策创新扩散更侧重于政策议程的介入，地方政府或部门在教育政策内容创新扩散中的自主性也逐渐增强。虽然国务院办公厅发布文件，要求各省（区、市）在2012年年底制定出异地高考政策方案，但对各地异地高考政策内容并没有硬性规定，因此各地异地高考政策的"门槛"也不尽相同。

（5）社会化机制。在教育治理过程中，如果周边地区多数采用某项教育政策，那么会给其他地区带来规范同行的压力。这时候，其他地区的教育政策创新扩散可能并非因为对周边地区政策的理性学习或者刻意模仿，而是为了寻求合法性而采纳相同的教育政策。在公共政策过程中，地方政府之间形成府际网络，府际网络为地方政府政策决策者或主导者提供了信息和经验交流平台，具有说服和社交效应的作用，可能造成教育政策行动者对政策规范观念和期望的改变。比如，在我国的教育政策创新过程中存在着中国市长协会、教育协会、校长协会等交流网络，其为教育政策问题共识的发展和应对措施创造了有利环境。当然，在社会化过程中，职业化专家在规范压力的形成过程中扮演了重要角色，如我国有关"减负"的一些政策就得益于教育专家的推动。

四、我国教育政策扩散的基本模式

教育政策的扩散模式是对教育政策创新扩散活动轨迹的提炼描述，有助于更好地理解教育政策扩散活动过程。根据公共政策创新扩散的基本分析工具理论，政策创新扩散研究可以从时间、空间和政策行动者等多个维度进行。教育政策作为公共政策的一部分，具有公共政策的普遍特征，因此在分析教育政策创新扩散时我们可以借鉴公共政策创新扩散的基本分析工具，结合我国具体的教育政策实践和教育政策环境做出相应的判断。

从时间维度来看，我国教育政策创新扩散的过程与其他公共政策扩散一样呈现 S 形曲线特征，也就是政策创新扩散曲线。政策创新扩散曲线就是以时间变量为横坐标，以一段时间内扩散的规模为纵坐标而形成的曲线。根据政策创新扩散曲线的轨迹可以发现，随着时间的推移，教育政策扩散活动一般会经历扩散的缓慢期、快速期和平稳期阶段。如果将每一个时间段内采纳政策的累积个数表示为点状图，就会呈S形曲线。在我国教育政策扩散活动过程中，比较典型的政策，如自主招生政策❶、"双一流"政策❷等教育政策扩散活动，基本符合公共政策创新扩散的S形曲线过程。

从空间维度来看，我国公共政策创新扩散呈现出以下几种地理扩散效应，即近邻效应、等级效应、轴向效应和集聚效应。❸ 教育政策创新扩散过程也同样如此，如我国的异地高考政策❶、各地大学城方面的政策等。这些政策受到邻近地区、行政等级等的影响，因此我国教育政策创新扩散在空间维度上也基本符合一般公共政策扩散的空间方式。

由于我国社会和政治制度的特殊性，在教育政策创新扩散活动的发生和发展过程中，不仅要考虑时间和空间这两个自然要素，也要考虑推动教育政策创新扩散活动的行为主体的特殊性。仅仅以我国教育政策创新扩散过程中所呈现的S形分布曲线和地理空间因素，来解释我国教育政策创新扩散活动的过程，就显得太过简单了。因此，分析我国教育政策创新扩散模式、探寻教育政策扩散活动的轨迹时，应在分析

❶ 凌磊. 我国自主招生考试政策的影响因素及实现路径——基于政策创新扩散理论的实证分析 [J]. 复旦教育论坛，2018（3）：51－57.

❷ 周文辉，贺随波. 博士生招生"申请—考核"制在我国"双一流"建设高校中扩散的制度分析 [J]. 中国高教研究，2019（1）：72－78.

❸ 王家庭. 国家综合配套改革试验区制度创新的空间扩散机理分析 [J]. 南京社会科学，2007（7）：39－44.

❶ 李根，葛新斌. 农民工随迁子女异地高考政策制定过程透析：从制度分析与发展框架的视角出发 [J]. 高等教育研究，2014（4）：16－22.

教育政策创新扩散过程的时间和空间方式的基础上，结合我国的教育政策行动者和教育政策环境，并采用政策创新扩散一般研究工具进行分析。根据我国的社会制度和政策环境，可以得到以下教育政策创新扩散的基本模式。

（一）垂直扩散模式

我国中央政府会给予地方政府一定的自由裁量权，鼓励地方政府探索治理的新思路、新方法，在教育治理过程中会选择部分地区开展教育政策试验，并推广成功的政策经验。根据我国各级政府之间的权力关系，在公共教育治理过程中教育政策扩散呈现明显的垂直扩散特征，在垂直扩散模式下又有不同的情形。

（1）自上而下的强制扩散模式。在教育政策实践活动过程中，中央政府通过行政指令推行新的教育政策，因而形成一种自上而下的强制扩散模式。这种模式是在选择或采纳某项新的教育政策时，上级教育政策决策者通过自上而下的路径，运用行政命令要求下级政策决策者采纳和实施该项教育政策。这种教育政策创新扩散模式具有行政强制性特征。

一般而言，在自上而下的强制扩散模式中，上级教育政策决策者提出新的政策后会通过制定政策规划、出台指导意见、发布行政命令等方式，要求下级政策决策者制定实施细则。比如，"双一流"政策，2015年国家颁布《统筹推进世界一流大学和一流学科建设总体方案》，2017年出台《统筹推进世界一流大学和一流学科建设实施办法（暂行）》（以下简称《办法》），2018 年出台《关于高等学校加快"双一流"建设的指导意见》，这三份文件内容本身具有合法性，要求地方政府制定自己的"双一流"政策。当然，在这种强制扩散模式下，对于那些落实新政策的地方，上级一般会提供政策上的优惠或给予财政上的激励；地方因对上级政府的资源依赖，一般都会选择贯彻执行。在"双一流"政策过程中，上述三个文件都明确提出对开展"双一流"高校建设的地方提供一定的资金以做好引导支持工作，对入选一流大学或一流学科的高校进行基本建设投资并给予专项建设资金。"双一流"政策发展过程体现了我国教育政策自上而下的强制扩散模式。

（2）自上而下的试点推广扩散模式。在我国的教育政策活动过程中，"试点推广"是一种非常普遍的现象，"政策试点"更是具有中国特色的政策创新模式。❶ 上级教育政策决策者通过赋予试验地区探索创新的自由裁量权，在教育实践过程中检验政策的效果，从总结、推广成功经验到全面推行政策。在这种模式下，上级教育政策决策者对"试点"的方向性影响很大，更容易成为政策试点的发起者，而且能够在特定的领域推行"试点"。"试点推广"的过程一般是上级教育政策决策者先遴选试验区，通过自上而下的政策试验取得成效并经认可后在更大范围内推广，最后形成正式制度在全国范围内实行，可以简单概括为"先行先试—典型示范—

---

❶ 梅赐琪，等. 政策试点的特征：基于《人民日报》1992—2003 年试点报道的研究［J］. 公共行政评论，2015（3）：8－23.

以点促面—逐步推广"❶。这种"政策试点"为相关教育政策的全面推行提供了经验和样本，也形成了教育政策全面推行的合法性，可以减少教育政策推行的阻力。以我国的新高考政策为例，2014年国家先将上海、浙江两地作为第一轮试点，2017年将北京、天津、山东和海南作为第二批高考综合改革试点，2019年4月将河北、辽宁、重庆等作为第三批高考综合改革试点，到2020年全面建立新的高考制度。当然，在这种模式下，下级政策决策者一般都愿意配合上级政策决策者的"政策试点"。如果政策成功，那么有利于地方教育事业的发展；即使政策失败，也不会给地方带来很大损失，如果是政策本身的问题，就重新修改政策，再安排新的试验点，使其成为上级政策决策者改革政策实践活动的知识来源。

（3）自下而上的吸纳推广扩散模式。各级政府之间的纵向关系是影响教育政策创新扩散过程的一个基础性因素。整个创新扩散过程中的多个方面都会受到各级政府之间纵向关系的结构性制约和动态影响。上级政策决策者赋予下级政策决策者自主权，使其在教育政策创新扩散的探索中有较大的空间。在自下而上的吸纳推广扩散模式中，教育政策创新扩散活动遵循着"地方政府创新—上级采纳—推广实行"❷的

---

❶ 周望. "政策试验"解析：基本类型、理论框架与研究展望［J］. 中国特色社会主义研究，2011（2）：84－89.

❷ 周望. "政策试验"解析：基本类型、理论框架与研究展望［J］. 中国特色社会主义研究，2011（2）：84－89.

路径，比较强调地方政府在教育政策上的首创性。在自下而上的吸纳推广扩散模式中，地方政府首创的政策，无论是否成功，都会成为上级政府政策创新的知识来源。上级政府可以运用权力来规范下级政府的行为，促使其修正原来的政策，实现政策纠错。当然，这种模式也不同于"试点推广"模式，区别是下级政府在教育政策创新扩散过程中具有主动性和首创性，教育政策创新扩散并非仅出于上级政府部门对特定的公共教育政策的行政指令。比如，浙江杭州的"名校集团化办学"，这种做法最早是1999年求是小学的大胆创举——试行"连锁办学"，求是小学在全国最早开始义务教育公办名校集团化办学的探索。2002年10月，经杭州西湖区人民政府批准，杭州求是教育集团正式成立，为浙江省首个公办基础教育集团。同年，《杭州市人民政府关于深化改革加快发展率先实现基础教育现代化的决定》出台，明确提出："可以优质学校为龙头，组建跨地区、跨类别学校的教育集团，通过资产和人员重组，改造薄弱学校，提高教育质量和办学效益。"到2007年年底，杭州全市教育集团有69个，成员单位257个。❶ 2012年9月，国务院印发《关于深入推进义务教育均衡发展的意见》，明确提出了推进均衡发展的各种方式，名校的集团化办学就是其中之一。此后，各地都在探索和推广名校集团化办学。

---

❶ 翁文艳. 我国地方政府教育改革的主要特征与趋势：基于163个地方教育制度创新案例的分析［J］. 教育发展研究，2013（23）：6－11.

（二）水平扩散模式

在我国教育政策实践活动中，各地方政府之间存在着一定的竞争，也存在着广泛的交流和合作。各地方政府的决策者为了发展本地经济，会主动跟其他地方政府进行交流和合作，学习先进地区的政策经验，也会出台相关的竞争性教育政策以深化本地教育治理改革，因此我国的教育政策创新扩散活动还具有明显的水平扩散特征。根据各地方政府之间的关系，以及地方政策行动者的政策决策活动特征，我国教育政策创新扩散的水平扩散模式具有以下两个特征。

（1）同一层级的政府或部门之间的扩散模式。在公共教育治理过程中，各地方政府之间的政策创新扩散活动存在明显的邻近效应。因为相邻地区在经济、社会、环境等方面更为相似，出现的问题也多会有相似之处，以至于教育政策行动也会产生相似的效果，因此他们更愿意与邻近地区比较，向邻近地区学习。同时，相邻地区政府之间存在竞争的压力，他们会为了在竞争中获得优势而采取新的政策。比如，我国一些相邻地区的高校会互相考察，学习彼此的发展经验，改善自己的管理与办学模式。

政府内部各部门之间也存在着明显的竞争关系，教育政策在各部门之间的扩散现象也非常明显。比如，在我国高层次人才引进政策方面，早在1994年中国科学院就出台了"百人计划"，以高目标、高标准来支持人才的引进和培养；1998年教育部也启动了专项高层次人才计划，即"长江学者奖励计划";2008 年,中共中央组织部启动了"千人计划"。从这些政策内容来看,它们具有高度的趋同性和关联性,也体现了我国政府各部门之间政策活动的水平扩散特征。

(2)不同经济发展水平地区之间的扩散模式。任何公共政策的决策都需要一定的政策成本。一般而言,政策能否创新与经济发展水平之间存在正相关关系。沃克尔研究发现,经济发展水平较高,工业化水平、城市化程度较高的地区,政府在政策创新上更加积极,在一定程度上说明了丰富的经济资源是促进政策创新的重要因素。[1] 格雷(V. Gray)在沃克尔研究的基础上指出,总体经济水平是促进政策创新的重要因素,但是地方政府实际的财政收入对政策创新的影响更大。[2] 在我国,由于地区之间,特别是东西部地区之间的经济发展水平相差较大,很多相同的教育政策及活动会从东部发达地区向中西部地区扩散。比如,我国高校高层次人才引进政策,东西部之间的差距很大,无论是引进人才的力度,还是引进方式,东部地区的人才引进政策会相对优于西部地区。从这一点来说,主要是因为东部地区经济发展总体水平明显高于西部地区,东部地区地方政府的实际财政收入也高于西部地区地方政府的财政收入。

---

[1] WALKER JACK L. The diffusion of innovations among the American states [J]. The American political science review, 1969(3): 880–899.

[2] GRAY V. Expenditures and innovation as dimensions of progressivism: a note on the American states [J]. American journal of political science, 1974, 18(4): 693–699.

（三）领导者更换引起的扩散

从实践上看，领导者的异地交流任职可能会有效地促进教育政策创新的经验在不同地区之间传播和扩散。新任管理者刚走上岗位，往往会从全新的视角去审视新的工作，更倾向于创新，也可能会把在之前任职地方的政策经验用于新单位，有助于政策的创新和扩散。在西方社会，领导者为了获得更多的选民支持，往往倾向于创新，如历届美国总统在选举中都会推出新的教育政策。比如，布什政府上台后推出《不让一个孩子掉队》法案，以提高全美基础教育质量为主要目标，但在政策实践过程中因为投入经费不足、评价标准偏离等阻碍了美国基础教育的发展；奥巴马政府上台后立即进行了教育改革，推出新的教育政策，包括加大学前教育投入、提高课程及评价标准、改革教师相关政策、发展特许公立学校、普及高等教育等措施。由此可以看出，领导者的更换也是教育政策创新的主要动力之一。

五、结论

随着经济全球化、网络化和信息化的快速发展，我国教育政策创新扩散活动日益频繁，教育政策创新扩散成为公共教育政策实践活动中的普遍现象，因此对教育政策创新扩散活动何以发生及如何发生的追问就显得非常必要。通过研究发现，教育政策主要因为学习、竞争、强制、模仿和社会化五种动力机制的作用而被扩散，教育政策扩散的活动轨迹主要有垂直扩散、水平扩散及领导者更换引起的扩散。这三种扩散模式的背后主要有五种动力机制在发挥作用，如自上而下的强制扩散模式和试点推广模式主要是由强制和社会化机制驱动实现的；自下而上的吸纳推广模式主要是由前期的学习机制和后期的强制机制驱动实现的。在水平扩散模式中，存在同一层级的政府或部门之间的扩散模式和不同经济发展水平地区之间的扩散模式，同一层级的政府或部门之间的扩散模式主要是由学习机制、竞争机制、模仿机制和社会化机制共同驱动实现，而不同经济发展水平地区之间的扩散模式主要是由学习机制和模仿机制驱动实现。❶ 领导者更换引起的扩散模式主要是由政策领导者所发布的行政指令的强制机制驱动实现的。

当然，在我国教育政策实践过程中，这五种教育政策扩散动力机制背后有不同的扩散者。在学习机制、竞争机制和模仿机制中，地方政府和专家学者是教育政策创新扩散的推动者，而且是主动和自愿地推动这些扩散机制的；在强制机制和社会化机制中，中央政府及其部门是教育政策创新扩散的主要推动者，而媒体及民众是协同者，与中央政府及其部门一起推动教育政策创新扩散。所以，除了时间和空间因素之外，决定我国教育政策创新扩散独特性的主要是教育政策行动者的特点和所处的教育政策环境。

---

❶ 赖先进. 清洁能源技术政策与管理研究——以碳捕集与封存为例［M］. 北京：中国科学技术出版社，2014.

　　我国的教育政策创新扩散机制各有优点、缺点，在评价这些机制的时候应该根据其特点和教育政策扩散（执行）的效果。根据我国教育政策实践的经验，学习机制、模仿机制在一定程度上能节约教育政策决策成本；竞争机制能激励教育政策决策者的政策学习，从而达到政策变迁的目的；强制机制能够加速推动教育政策的扩散；社会化机制则有利于提高政策利益相关者的教育政策决策参与程度。相反，如果这些动力机制过度化，则会造成不良影响，如强制机制过度会使地方政府的积极性难以发挥，出现"一刀切"现象，竞争机制过度会造成公共教育政策资源的过度损耗等。因此，在教育政策创新扩散实践活动过程中，我们需要根据教育政策的不同特点采取不同的扩散模式和动力机制。

高考制度改革的政策网络分析

高考制度改革是《国家中长期教育改革和发展规划纲要（2010—2020 年)》（以下简称《纲要》）提出的教育体制改革的重要内容之一，也是当前社会高度关注的热点问题之一。近年来，高考制度改革不仅成为普通民众关注的焦点，也是有关专家学者研究的热点与难点问题之一。他们或站在特定的立场上，或针对某项具体的高考政策的特殊状况展开论证并提出一些策略，比较重视对高考政策的内容或效果进行规范性分析和评价，而对高考制度相关政策的深层原因缺少思考，尤其是对高考制度内各教育政策主体之间相互作用的动态过程研究不多。然而，恰恰是这一不同教育政策主体之间的相互作用的动态过程影响和塑造了现有的高考制度，并引起相关问题的出现。传统的由教育行政部门确定的高考制度改革模式具有一定的片面性，应当将高考改革纳入教育政策网络，充分理解当前高考政策领域中各种教育政策主体之间形成的政策网络，他们之间相互依赖、影响、作用的动态过程及其对政策结果的影响。

一、政策网络：一种公共教育政策分析框架和研究路径

20 世纪 70 年代，随着组织社会学的兴盛，尤其是关于

组织之间关系的相关研究及政治学领域中关于次系统
（subsystem）和议题网络（issue network）研究的发展，一种
新的分析框架和研究路径在政策科学中形成，这就是政策网
络。它被用来描述或分析公共政策过程中各政策主体之间互
动时形成的各种关系形态类型。一般认为，政策网络是指
"在公共政策制定和执行过程中，政府和其他行动者围绕共
同的实际是不断协商的信念和利益而结成的正式的和非正式
的联系。这些行动者之间相互依赖，而政策就是从他们的相
互作用中产生出来的"❶。政策网络"一方面重视正式与非
正式制度和结构对教育政策制定和教育政策执行的作用，另
一方面注重分析政策行动者的利益表达对教育政策执行有效
性的影响，并突出强调行动者之间关系的强弱程度对政策制
定和执行的深远意义，为教育政策的有效执行以及公共教育
权力机构对教育的有效治理提供了一个很好的途径和启
示"❷。政策网络认为，政策行动者主要是基于"交流信息
和意见的需要，交换资源的需要，……追求权力的需要或者
利益协调的需要"❸ 而参加政策网络。

政策网络的核心是探讨政策网络关系类型及其结构对政
策结果的影响，它"把公共政策过程理解为多元行动者复杂
的互动过程，把政府之外的利益集团、民间组织以及社会资

❶ 林震. 政策网络分析 [J]. 中国行政管理, 2005 (9): 36 – 39.

❷ 邓凡. 关系、结构与利益表达——教育政策执行的网络模式 [J]. 教育理论与实践, 2010 (7): 15 – 18.

❸ WEIBLE CM, SABATIER P A. Comparing policy network: marine protected areas in California [J]. The policy studies journal, 2005 (2): 181 – 201.

本、文化网络、非正式关系等都纳入政策分析的框架内"❶。从对政策结果的影响来看，政策网络认为政府在政策网络中应该像一个大家族的"家长"起组织和引导作用，在政策网络中各政策主体之间的关系结构将对政策结果起着重要的决定作用。政策网络用各成员之间的关系紧密程度来反映一个政策网络开放与封闭的程度。当一个政策网络比较开放时，新成员和新思想就比较容易渗透进政策网络，成员之间的互动频率较高，网络中成员的关系比较紧密，容易形成对政策问题的共同理解，有利于政策的执行，对政策的良性变迁起着重要作用；相反，如果一个政策网络比较封闭，就会排斥新成员的加入，成员之间互动频率低，成员之间的关系不够紧密，对政策问题很难形成共识，问题的解决也不会太顺畅。

政策网络强调教育政策主体的多元性和独立性，倡导教育政策决策过程中各政策主体之间在协商的基础上互动并达成共识，从而实现政策目标。无疑，政策网络为我们理解当前高考制度改革过程提供了一个较好的思考框架和研究视角。在高考制度改革领域，各种教育政策主体在满足相互的需要和追求各自的教育利益过程中会逐渐形成相互依赖的关系，并在这种不断加强的相互关系中形成高考制度改革领域的政策网络。这些教育政策网络中各政策主体之间的关系和教育政策网络结构可能会影响有关高考政策的制定、执行和最终结果。

---

❶ 谭英俊. 走向一种有效的公共政策执行模式——基于政策网络理论的启示［J］. 内蒙古社会科学（汉文版），2008（4）：7－11.

二、从政策网络视角分析高考制度改革

政策科学的发展越来越表明，政策活动过程实际上是一个协调各方利益、理解各相关利益主体价值诉求的过程，是政策决策主体主动选择、各利益主体主动参与的过程。政策形成的过程，从本质上说是各相关利益主体将自己的利益需求投入政策网络系统，由各政策主体根据自己的利益需求对复杂的利益关系进行调整的过程。高考，作为一种社会活动，从根本上讲是为了满足人和社会的某种需要，不可避免地会涉及不同群体的利益。在我国高考制度改革过程中，各级政府部门与不同社会群体在平衡各自教育利益和目标的过程中结成了高考政策网络。他们或基于交流信息和意见的需要，或基于交换资源的需要等加入高考政策网络，在政策网络中相互依赖、相互竞争，其关系结构直接影响我国的高考制度改革及有关高考政策的结果。

（一）高考制度改革中各主要政策行动者及其政策网络的形成

政策网络是对网络中各政策行动者之间互动时形成的关系及其结构的描述，在某种程度上说，政策网络的形成是建立在各政策行动者之间关系的基础之上的。网络中的关系是指参与政策网络的政策行动者之间形成的正式与非正式的关系，主要包括权威、经济、朋友、遗传等具体形式的关系，

如教师与学生、医生与病人等。高考制度改革的政策网络是参与高考制度改革的各政策行动者在追求各自教育利益和目标的过程中结成的。我国高考制度改革中的各利益主体主要有政府、教育组织、考生和家长、用人单位、研究机构、专家学者和媒体等。

高考政策网络中政策行动者之一：政府。我国政府拥有主要的高考权。高考权包括"政策制定权、招生来源计划制订权、考试科目与内容设置权、考试命题权、试卷评定权、招生录取权、招考违规处罚权等"❶。高考权的配置与经济发展、政治制度和文化传统有关。从 1952 年开始至今，我国高考一直是由国家统一招生、统一生源计划、统一考试科目、统一命题、统一考试、统一录取。虽然有些省份是自主命题考试，但高考权主要由政府（这里主要是指省级教育行政部门）掌握。政府在高考中拥有更多资源，因此在高考政策网络中处于主导地位，把握高考政策的走向。

高考政策网络中政策行动者之二：教育组织。教育组织（主要包括大学、中学和中介组织）的差异利益需求会影响高考政策网络的形成和政策目标的实现。以中学为例，中学是高考考生的"培养者"和"输出者"，高考升学率是检验中学教学质量的指标之一，学生和家长大多会根据升学率选择学校。对那些"重点中学"来说，他们需要维持教学的稳

❶ 罗立祝. 集权与分权：高考制度模式的合理选择［J］. 教育导刊,
2005（1）：7－10.

定和平稳的"升学率",希望维持现有高考制度。而对大部分普通中学来说,他们的生源质量和升学率问题在短时间内很难得到改善,所以希望改革现有的高考制度,期望通过高考制度改革解决遇到的问题。这样,不同中学的利益需求会影响高考政策网络的形成与高考政策走向。

高考政策网络中政策行动者之三:考生和家长。考生和家长是高考的直接利益关系人。对考生和家长来说,通过高考接受高等教育是获得满意的工作、提高未来社会地位的直接而重要的途径之一。因此,考生和家长更为关注高考制度的改革,也是高考政策的主要政策行动者。为了维护自身利益,考生和家长对高考政策可能会有选择地执行,如高考舞弊等现象就是其中的典型代表。

高考政策网络中政策行动者之四:研究机构、专家学者和媒体。研究机构、专家学者和媒体是高考政策网络中的主要行动者之一,他们往往通过对高考政策的研究和评判、向政策决策者建言献策来影响政策问题的确认和议题的形成,而媒体通过对高考现象的观察引起民众对高考的关注,进而提出一些政策方案给政策决策者制造一定的压力,从而影响政策的选择与执行。

高考政策网络中政策行动者之五:用人单位。用人单位作为高考的既得利益者之一,其录用大学毕业生的偏向和需求对考生报考大学和高校生源产生重要影响,从而影响高考招生政策。

（二）高考制度改革中各主要政策行动者之间的政策网络类型

政策网络的基本假设是国家与社会是一种资源互赖而不是相互独立的关系，同一政策在不同的部门或同一政策议题的不同政策层次都会有不同的网络形态。从政策网络流派研究的特点来看，政策网络的研究主要有宏观、中观和微观三个层次。而由于高考制度改革的内容相当多和研究的限制，笔者仅从宏观和中观对高考政策过程进行网络互动分析。

罗茨将利益的社群（参与网络的群体是服务性的还是功能性的或者地域性的等）、成员（参与成员是公共的还是私人的团体）、垂直相互依赖性（网络依赖程度是依赖上面层级还是下面层级）、平行相互依赖性（网络之间是什么相互连接的关系）及资源分配（参与团体拥有哪些资源可以交换）5 个指标作为分类标准，把政策网络分为政策社群（policy community）、专业网络（professional network）、府际网络（intergovernmental network）、生产者网络（producer network）和议题网络（issue network）5 个类型（见表 1）。从我国的政策环境与高考制度改革的实际情况来看，政策社群、专业网络、府际网络和议题网络比较符合我国高考制度改革中各政策行动者之间所形成的网络关系，笔者也将从这几个方面进行详细分析。

表 1❶　政策网络的关系类型与特征

政策网络的类型	政策网络的特征
政策社群	成员高度稳定且范围有限，成员之间相互依赖性关系是水平、垂直有限的
专业网络	成员高度稳定且范围有限，成员之间相互依赖性关系是水平、垂直有限的，为特定利益团体服务
府际网络	成员范围是固定有限的，成员之间相互依赖性关系是垂直的、广泛的水平联系
生产者网络	成员是流动的，成员之间相互依赖性关系是垂直的，为生产者利益服务
议题网络	成员人数众多且稳定，成员之间相互依赖性关系是有限垂直的

高考政策网络涉及的教育政策行动者在宏观政策层次上主要有中央政府、教育部，在中观政策层次上主要包括地方政府、地方教育行政部门、相关教育团体等，在微观政策层次上主要有学校、教育部门官员、专家学者、大众媒体及学生、家长等。依据罗茨界定的网络特性，各行动者之间的关系特征分别存在于四类网络中（见图1）。

（三）高考制度改革中各主要政策行动者之间的网络互动分析

政策网络中的各政策行动者所拥有的资源和权力是不同

---

❶　MARSH D, RHODES R A W. Policy networks in British politics：a critique of existing approaches［M］//MARSH D, RHODES R A W. Policy networks in British government. Oxford：Oxford University Press，1992：13 – 14.

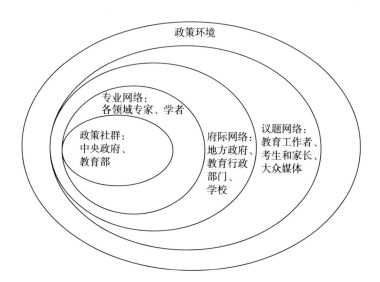

图1　高考制度改革中的政策网络类型

的，但各个网络之间存在沟通的路径，他们可以利用自己所拥有的资源和采用相关的策略来影响最终做出决策的政策社群。从资源来看，政策社群和府际网络是政策制定和执行过程中的关键角色。中央政府在教育政策系统中处于核心地位，是政策制定的权威；而地方政府所在的府际网络是协商的参与者和决策的参与者。因为高考制度改革关系整个社会的方方面面，国家需从整个社会的角度出发制定相关政策，而地方政府可以根据实际情况在不违背国家政策方案的基础上自己制定相关政策，地方政府的这种行为实际上是一种参与执行的权力。而身处议题网络的普通民众、考生和家长、教育工作者等因为资源有限，只能形成有限的舆论，通过与专家构成的专业网络来渗透和影响政策社群所指定的意见。

（1）政策社群和府际网络。1977 年，我国教育部决定恢复高考，这是从整个国家发展的层面上做出决策。当时整个社会的资源相对匮乏，虽然社会对恢复高考的愿望十分强烈，但并不能决定国家的政策决策。高考制度改革中，中央政府处于主导地位，而处于府际网络的地方政府需要执行中央政府的决策。而当前的一些社会问题，如农民工随迁子女的义务教育工作十分复杂，国家在高考政策上的决策也在不断调整。在农民工随迁子女异地高考政策上，国家做出允许农民工随迁子女异地高考的决定，进而下放权力要求地方政府根据自己的实际情况来制定不同的异地高考政策，因为各地方政府所拥有的解决农民工随迁子女异地高考政策的资源和能力不同，使处于府际网络的地方政府根据处于政策社群的中央政府的决策制定不同的异地高考政策。

（2）政策社群与专业网络。政策社群在制定政策时需要专业网络中的专家学者提供意见，从正、反两方面来评估政策可能带来的影响，从而提高政策制定的科学性。而在政策执行时，政策社群同样需要专业网络中的专家学者来评估政策，以提高政策执行的效力，更好地解决公共问题。在高考制度改革的过程中，中央政府通过各种形式向专家学者征求意见，如提供一定的科研经费设立相关的科研项目让专家学者调研，了解政策执行情况。同时，专家学者大多都是社会问题的关注者，对社会问题具有高度的敏感性。在国家没有注意到高考制度改革之前，就有不少专家学者开始研究相关的问题，以引起政策决策者的注意。而在高考制度改革过程中，专家学者们自发地进行调查研究，了解政策执行情况，并写出调研报告反映事实以供政策决策者参考，从而推动政策变迁。

（3）政策社群与议题网络。在原有高考政策的问题比较突出的时候，议题网络就开始通过各种形式影响政策。议题网络中的教育工作者、大众媒体等通过多种形式影响政策社群。在高考制度改革中，议题网络中的大众媒体通过宣传、报道政策的执行情况，反映教育政策的执行效果，通过新闻媒体等方式利用相关法律向政府有关部门反映问题，如《中华人民共和国教育法》《中华人民共和国义务教育法》等，以引起政府对高考制度改革的重视。在现代社会中，大众媒体是政府与社会联系的重要桥梁。政府通过新闻媒体在一定程度上了解高考政策的实际执行情况，这样能随时发现执行中的问题，以便为下一步决策奠定基础。

（4）议题网络与专业网络。在政策网络中，议题网络中的主体大多缺少专业的背景知识，对高考制度改革问题大多处于现象层面的认识和了解，因此他们更愿意与具有专业知识背景的专业网络接触。比如，大众媒体邀请专家学者在电视、网络媒体上演讲，在报纸、杂志上发表专业文章，这样不仅向普通民众普及了高考制度的相关知识，也使整个社会对高考制度改革有一个比较客观的认识，同时也可能会影响政策社群的决策。社会大众，特别是考生和家长、教育工作者等对解决高考制度问题的方式有不同意见时会促使决策者想办法更好地解决问题。在高考制度改革过程中，议题网络与专家网络的参与也能使政策社群了解政策执行中的问题，以及那些没有解决的问题，这样可能会促使新的政策议题产生，从而更好地进行高考制度改革。

随着有关高考政策在执行中的问题逐渐出现，在高考政策网络中各政策行动者之间的互动也开始出现（见图2）。首先，议题网络中的政策行动者是切身利益相关者，在政策执行过程中利益得不到满足时，一方面开始向专业网络中的专家学者求助，寻求合作，另一方面大众媒体通过新闻、报纸等反映高考政策在执行过程中遇到的问题，影响政策社群中的中央政府，同时向府际网络中的地方政府、教育行政部门等提出意见和建议。而府际网络中的地方政府、教育行政部门等由于自身的资源有限、解决某些高考问题（如农民工随迁子女异地高考）的压力增大，他们一方面向专业网络中的专家学者寻求帮助，在专业技术上寻求支持，寻找解决问题的办法；另一方面因为资源不足的问题会向政策社群中的中央政府寻求支持，以争取更多的资源、资金投入，以解决高考制度改革中遇到的问题。

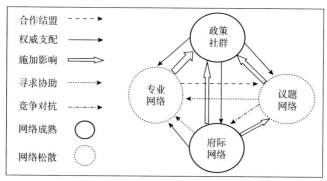

图2　高考制度改革中的网络互动分析

从整个网络的互动情况来看，在教育政策网络中教育政策的执行并不都是顺利的，会涉及不同利益群体，正式制度虽然在一定程度上能保证政策的执行，但非正式制度也会影响教育政策执行的效果。在教育政策执行网络中，各政策行动者的互动会形成不同的网络结构，而不同的网络结构又会影响教育政策执行的结果，从而推动政策变迁。

三、政策网络视野下高考制度改革的路径选择

政策网络研究表明，政策网络的开放程度同公共利益的实现程度密切相关。"高度开放的政策网络具有很强的包容性，能够最大限度地接纳政策利益相关者，能够让政府同所有的利益相关者平行地互动。这样在政策网络输出的公共政策中，利益相关者们的利益诉求就会得到最大程度的体现和表达。"❶ 因此，在高考制度改革决策中，需要广大高考利益相关者的参与和互动，了解利益相关者的利益需求，从而取得更好的治理效果。然而在高考制度改革中，议题网络中的高考利益相关者往往处于高考政策决策过程之外，而高考利益相关者大多是处于议题网络中的考生、家长和教育工作者。如果有他们的参与和互动，就能更切实地反映政策对象的利益需求，也更能体现高考本身的意义。

政策网络理论认为，政策网络的开放程度同资源使用的

---

❶ 邓凡. 政策网络治理与公共教育利益的实现［J］. 现代教育管理，2010（10）：47－51.

依赖程度相关。政策网络所依赖的资源主要包括权威、资金、合法性、信息和组织。❶ 这些资源的分布和使用决定着政策网络的开放程度。而对政策利益相关者来说，政策网络所依赖的资源分布越均衡，政策网络开放的程度也就越高。而我国的教育资源有限且分布不均，优质教育资源的稀缺造成激烈的竞争。在高考资源的分布上，不同地区之间的分布存在明显的差异。当然，要实现高考资源的均衡配置是一个长期的过程，要实现高考政策网络的开放也需要很长的时间，高考制度改革需要在这个过程中逐步推进。

（原载《教育导刊》2015 年第 1 期）

---

❶ MARSH DAVID, RHODES R A W. Policy networks in British government [M]. Oxford：Clarendon Press，1992：10 - 11.

农民工子女义务教育政策过程分析
——政策网络的视角

农民工子女义务教育问题是近年来我国社会的焦点问题，政府、社会、学界等对此都做了很多努力。历年的政府工作报告都强调要解决好农民工子女义务教育问题；学界也对此进行了大量的研究，已取得了丰硕的学术成果。学界对农民工子女义务教育政策的研究成果举不胜举，他们或站在特定的立场上，或针对某些具体的政策或者某些地域的特定状况展开论证，比较重视对农民工子女义务教育政策的内容和效果进行规范性的分析和评价，却很少研究制定农民工子女义务教育领域相关政策的内在原因，大多没有注意到农民工子女义务教育领域内各种政策主体之间相互作用的动态过程。然而，正是不同政策主体相互作用的动态过程影响和塑造了现有的农民工子女义务教育政策。因此，笔者认为，要探讨解决农民工子女义务教育问题，有必要研究农民工子女义务教育领域中各种政策主体之间形成的政策网络、其相互影响和作用的动态过程以及政策影响。

一、分析工具：政策网络理论及其适用性

政策网络理论是将网络理论引入政治学和政策科学领域而形成的一种分析框架和路径，主要用于分析政策过程中政策主体之间的互动关系及其对政策过程的影响。一般而言，

政策网络是指"在公共政策制定和执行过程中，政府和其他行动者围绕共同的实际是不断协商的信念和利益而结成的正式的和非正式的联系。这些行动者之间相互依赖，而政策就是从他们的相互作用中产生出来的"❶。政策网络理论认为，政策主体之间因资源的相互需要、交流信息和意见的需要、追求权力和利益协调的需要而参与政策网络。❷

政策网络理论的核心是政策网络结构对政策后果的影响。政策网络学者认为，政策网络的形态会影响政策的形成、执行与变迁。❸政策网络理论认为，政策执行过程是多元行动者在网络结构中互动，并形成一定的政策执行结果的过程。"政策网络把公共政策过程理解为多元行动者复杂的互动过程，它把政府之外的利益集团、民间组织以及社会资本、文化网络、非正式关系等都纳入政策分析的框架内。"❶从对政策后果的影响来看，政策网络理论认为政策网络结构的变化会发挥重要的作用。当一个政策网络比较开放，新成员和新思想就比较容易渗透进政策网络，成员之间的互动频率较高，网络成员的关系比较紧密，容易形成对政策问题的共同理解，有利于政策的制定和执行，对政策的良性变迁起着重要作用；相反，如果一个政策网络比较封闭，就会排斥

---

❶ 林震. 政策网络分析［J］. 中国行政管理，2005（9）：36 – 39.

❷ WEIBLE CM, SABATIER P A. Comparing policy network：marine protected areas in California［J］. The policy studies journal，2005，33（2）：181 – 201.

❸ SMITH M J. Pressure power and policy：state autonomy and policy networks in Britain and the United States［M］. London：Harvester Wheatsheaf，1993.

❶ 谭英俊. 走向一种有效的公共政策执行模式——基于政策网络理论的启示［J］. 内蒙古社会科学（汉文版），2008（4）：7 – 11.

新成员的加入，成员之间的互动频率低，成员之间的关系不够紧密，对政策问题很难达成共识，问题的解决也不会太顺利。在政策网络中，政府的主要作用是对各政策行动者利益的协调和分配，在与社会、市场等政策行动者的互动中完成政策的制定与执行。

无疑，政策网络理论为我们理解农民工子女义务教育政策过程提供了一个很好的分析工具。在农民工子女义务教育领域，各种政策主体在满足相互的各种需要和追求各自利益的过程中逐渐形成了相互依赖的关系，并在这种关系中结成了农民工子女义务教育领域的政策网络。政策网络各主体之间的关系和政策网络结构影响着农民工子女义务教育政策的制定、执行和最终结果。

二、我国农民工子女义务教育政策的演进及内容体系

（一）农民工子女义务教育政策出台的背景

改革开放以来，随着我国社会城市化进程的加快、社会经济的转型，大批农村劳动力向城市转移，从而形成了一个特殊群体——流动人口。据估算，2008 年年底进城农民工已达 1.4 亿，未来 15 年仍将有 1.5 亿农村人口转移到城镇。进城的农民工最初可能只是一个人，后来很多是举家迁入城市，子女也跟随父母来到城市就学读书。"随着大量农民进入城市，其子女进城的规模也在不断扩大，目前数量已达

1500 万，其中处于学龄阶段的占大多数"❶，而且他们大多处于义务教育学龄阶段。随着农民工子女在城市接受义务教育的人数不断增多，而城市的义务教育资源相对来说是有限的，因而造成农民工子女在城市就学读书困难，随之而来的社会问题和教育问题也不断增多。在这种情况下，有关农民工子女在城市就学读书的政策相继出台。

（二）农民工子女义务教育政策的演进

从改革开放后到 2010 年《国家中长期教育改革和发展规划纲要（2010—2020 年)》（以下简称《纲要》）的颁布实施，我国农民工子女义务教育政策主要经历了以下阶段。

（1）限制阶段。改革开放后，我国在公共政策上是明显的城乡二元结构。当时，农民随意流动是受到限制的。1989年 3 月，国务院下发了《关于严格控制民工外出的紧急通知》，4 月公安部、民政部又联合下发了《关于进一步做好控制农民工盲目外流的通知》，对农村人口流入城市进行严格限制。但这些政策并没有发挥太大作用，农民工向城市流动的现象依然存在，后来政策有所松动，但当时农民工流动也是以个体为主，很少有举家流动的情况，因此农民工子女义务教育的问题并不常见。从这个时期的教育政策来看，1986 年颁布《中华人民共和国义务教育法》，1995 年颁布《中华人民共和国教育法》，同时国家教育行政部门颁布了上

---

❶ 吴霓. 农民工随迁子女教育的新趋势及对策［J］. 求是，2010（7）：52–53.

百种教育政策法规，但没有针对城市流动人口子女的义务教育问题的。由此可见，这一阶段进城务工农民子女的就学问题基本在其户籍地解决。国家的教育政策和措施也很少涉及流动人口子女就学的内容。

（2）认可阶段。20 世纪 90 年代以后，为了增加农民的收入、发展社会经济，以及城市建设等需要，国家对农民工的政策从"控制盲目流动"调整为"鼓励、引导和实行宏观调控下的有序流动"。这样，大量农民工到城市工作、学习和生活，其子女也需要到城市就学读书，农民工子女的教育问题逐渐凸显出来。

从 1995 年到 1998 年，教育部先后印发了《城镇流动人口中适龄儿童少年就学办法（试行）》《流动儿童少年就学暂行办法》（以下简称《办法》）等政策文件，将研究解决流动人口子女教育问题列入议事日程，并且在《办法》中对流动儿童的入学条件、入学学校、接管流动儿童的流入地政府、流动儿童的父母及其监护人等都提出了一些要求。在这个阶段，虽然政府认识到农民工子女义务教育问题的重要性，但从《办法》等规定来看，农民工子女在城市就学受到一定限制。

（3）重视、导向明朗阶段。2000 年以后，国家对农民工的政策出现了积极的变化，改革和取消各种不合理的限制同时，积极鼓励农民工就业，并在社会保障等方面进行配套的改革。这时候，农民工流动的特征也发生了很大变化，开始从"单身外出"发展为"全家迁徙"，而且这一态势仍在发展。随之而来的是农民工子女的教育问题越来越突出，逐渐成为普及义务教育工作的难点和重要的社会问题。国家出台了一系列的政策来协调和解决。

2001 年，国务院印发《关于基础教育改革与发展的决定》，提出主要以"两为主"（即以流入地区政府管理为主、以全日制公办中小学为主）政策来解决农民工子女的义务教育问题。2003 年 1 月，国务院办公厅颁布《关于做好农民进城务工就业管理和服务工作的通知》，对农民工子女在城市接受义务教育做了进一步规定。2003 年 9 月，国务院办公厅转发教育部、公安部、财政部等《关于进一步做好进城务工就业农民子女义务教育工作的意见》，再次强调以"两为主"的方式解决进城务工就业农民子女接受义务教育的问题。

（4）政策强化阶段。2004 年 2 月，中共中央、国务院印发《关于进一步加强和改进未成年人思想道德建设的若干意见》，要求"高度重视流动人口家庭子女的义务教育问题"。从这以后，政府对农民工子女的义务教育问题在政策上以强化为主。比如，2006 年 3 月，《国务院关于解决农民工问题的若干意见》颁布，要求"保障农民工子女平等接受义务教育"，强调"输入地政府要承担起农民工同住子女义务教育的责任，将农民工子女义务教育纳入当地教育发展规划，列入教育经费预算，以全日制公办中小学为主接收农民工子女入学"。2006 年新修订的《中华人民共和国义务教育法》也对在非户籍所在地工作或者居住的适龄儿童少年接受义务教育做了详细规定。

从 2006 年到 2010 年的政府工作报告，以及《纲要》，都将解决好农民工随迁子女平等接受教育问题作为重要工作提出。《纲要》指出，对进城农民工子女的义务教育要"坚持以输入地政府管理为主、以全日制公办中小学为主，确保进城务工人员随迁子女平等接受义务教育，研究制定进城务工人员随迁子女接受义务教育后在当地参加升学考试的办法"。

（三）农民工子女义务教育政策的基本体系及内容

从农民工子女义务教育政策的变迁历程来看，农民工子女义务教育政策主要关注以下内容。

第一，入学机会。入学机会平等是教育公平的重要体现，因此入学机会一直是农民工子女义务教育政策关注的重要内容之一。从最初限制农民工子女在城市学校就读，到允许农民工子女在城市享有同等的入学机会，再到 2010 年《纲要》研究制定农民工子女在当地接受义务教育后参加升学考试的办法，农民工子女义务教育政策在遵循《教育法》和《义务教育法》相关规定条件下逐渐实现教育的公平。在这个过程中，首先在教育上打破了传统城乡二元结构机制的限制，其次体现了在公共教育问题上政府的责任。

第二，教育质量。教育质量是教育均衡发展的要求，也是提高我国人口素质的重要途径。在起初的农民工子女义务教育政策中，农民工子女在城市只能借读或者进入私立学校学习。2001 年"两为主"政策实施后，农民工子女可以在城市公办中小学就学，享受当地优质的教育资源，这对提高

农民工子女的义务教育质量具有一定作用。❶

第三，教育经费。教育经费一直是我国教育的关键问题之一。教育经费的保障不仅有利于教育问题的解决，而且是解决农民工子女义务教育问题的关键。在农民工子女义务教育政策之初，农民工子女若在城市就读，需要缴纳一定的借读费、赞助费等，给农民工子女在城市接受义务教育造成一定的压力。全国普及义务教育政策实施后，农民工子女在城市就学的教育经费有了保障，能顺利地在城市就学。❷

第四，政府责任。承担公共教育是政府的重要责任之一。在农民工子女义务教育政策之初，义务教育经费是由农民工子女户口所在地政府承担，流入地政府不承担，但农民工子女又在流入地就学，这就使得政府的责任不够明确。从2001年"两为主"政策的实施到2010年《纲要》的颁布，规定以"两为主"政策解决农民工子女在城市就学问题，进一步强化了政府的责任，也明确了地方政府的责任。❸

三、我国农民工子女义务教育政策过程的政策网络分析

农民工子女的义务教育不仅是一个教育问题，而且是一

---

❶ 董云川，滕文忠. 东陆之光：高等教育研究院卷［M］. 昆明：云南大学出版社，2013.

❷ 董云川，滕文忠. 东陆之光：高等教育研究院卷［M］. 昆明：云南大学出版社，2013.

❸ 董云川，滕文忠. 东陆之光：高等教育研究院卷［M］. 昆明：云南大学出版社，2013.

个社会问题，涉及教育、政治、经济、社会保障等方方面面。农民工子女义务教育政策的制定与执行，是在教育行政部门、社会团体、学校、教师、农民工子女等政策行动者的互动中完成的。在政策网络视野下，我们可以从农民工子女义务教育政策网络的形成、农民工子女义务教育政策的行动者及其互动等方面来分析具体过程，进一步认识农民工子女义务教育政策制定与执行的本质。

（一）农民工子女义务教育政策网络的形成

政策网络理论认为，网络的形成是建立在关系基础之上的。网络中的关系是指参与政策网络的行动者之间正式与非正式的关系，包括权威、经济、人情等。任何一项公共政策的执行都需要一定的经费投入以及一定权威的支持。农民工子女义务教育政策也不例外，需要投入大量的教育经费，包括农民工子女义务教育的学费、学校的教学设备、所需要的资源等投入，也需要教育行政部门的支持。在农民工子女义务教育政策中，政策行动者之间因资源的相互依赖及其共同的利益需求走到一起，而这些资源主要包括经济、农民工子女接受义务教育的情况，而利益主要有农民工子女本身的义务教育利益和国家因普及义务教育而提高全民素质的利益。他们因为这种资源的相互依赖及共同的利益目标而形成教育网络，在网络中频繁地互动、相互支持，共同努力解决农民工子女义务教育问题。

（二）农民工子女义务教育政策执行过程中政策行动者及其关系

农民工子女义务教育是我国重要的社会问题。参与农民工子女义务教育政策的行动者主要有政府部门（纵向上有中央和地方政府部门，横向上主要有中央和地方教育部门、财政部门和社会保障部门等），以及学校、农民工子女、社会机构团体、新闻媒体和知识分子等。

政府部门在农民工子女义务教育政策中的主要作用是制定和执行农民工子女义务教育政策，而在执行过程中纵向的中央和地方各政府部门之间主要是权力关系，地方政府必须执行中央政府制定的政策，而横向上中央和地方各教育部门、财政部门和社会保障部门为解决农民工子女义务教育问题必须互相协调，财政部门要提供义务教育经费、解决义务教育资源问题，社会保障部门和教育部门需要财政部门的支持，分析各地区农民工子女义务教育的具体情况，包括农民工子女人数、受教育情况、论证教育经费的需求等，各部门之间主要是权力和经济关系。学校与农民工子女之间主要是提供教育与接受教育的关系。在农民工子女义务教育政策之初，学校向农民工子女收取借读费、赞助费等；2001 年"两为主"政策实施后，农民工子女可以选择在城市公办中小学就学，享有与城市孩子同等的入学机会。新闻媒体和知识分子积极关注农民工子女义务教育问题，知识分子通过新闻媒体提出建议，论证农民工子女义务教育问题的重要性等，推动农民工子女义务教育政策议题的形成。而社会机构团体在该政策中积极支持政府，有的机构团体对农民工子女义务教育给予资助，有的采取办学方式，如城市民办学校接收农民工子女就学读书等。这些政策行动者之间积极互动、彼此支持，以期解决农民工子女的义务教育问题。

（三）农民工子女义务教育政策执行过程中的政策网络互动

政策网络理论认为，在教育政策网络中教育政策行动者因资源的相互依赖形成一定的关系和结构，其关系和结构的强弱、松紧直接关系着教育政策网络的封闭－开放程度，教育政策网络的封闭－开放程度直接影响着公共教育利益的实现。同时，政策网络理论认为，教育政策的制定和执行是在网络互动中完成的。这要求教育政策网络中的政策行动者积极互动，国家对教育政策网络的有效管理、均衡配置教育资源，使政策网络处于开放状态，共同解决教育问题，更好地实现公共教育利益。

在农民工子女义务教育政策过程中，我们同样可以发现这种网络的互动对政策效果的影响。改革开放前，国家禁止农民工进城务工，虽然其间因为政策的松动部分农民工有机会进城务工，但当时农民工进城多是个体的迁移，农民工子女义务教育问题并不突出。这时，农民工子女被排除在政策之外，没有形成农民工子女义务教育政策网络。改革开放后，随着"民工潮"的出现，大批农民工进城，其子女也随之到城市就学。由于有限的教育资源无法满足农民工子女就学的需要，他们在城市就学相对比较困难。随着迁移人口的增加，这种现象越来越普遍，而且影响越来越大。农民工子女义务教育问题不仅是一个教育问题，而且成为一个社会问题，受到社会各界的广泛关注。知识分子做了大量的实证调查，得出了相关的学术成果，研究农民工子女义务教育问题；新闻媒体也纷纷反映农民工子女义务教育中存在的问题；一些民办学校在城市接收农民工子女入学；一些慈善机构资助农民工子女就学等。农民工子女义务教育问题成为整个社会关注的热点之一。由此，农民工子女、知识分子、新闻媒体、社会机构等围绕农民工子女义务教育问题逐渐形成教育政策网络。义务教育是国家承担的责任，而新闻媒体、知识分子等对农民工子女义务教育问题的关注会引起政府对这一问题的关注，从而形成教育政策议题。1995 年，相关政策出台，并在一些地区试点。

一般来说，"教育公平由教育起点公平、教育过程公平和教育结果公平三个环节构成"❶。教育起点公平主要涉及接受教育机会的公平，教育过程公平主要涉及享受教育资源的公平，教育结果公平主要涉及教育质量的公平。同样，我们也可以从这几个方面来分析农民工子女义务教育。在农民工子女义务教育政策变迁过程中，我们同样发现其政策所经历的变化，前面我们分析了农民工子女义务教育政策在教育

---

❶ 刘成玉，蔡定坤. 教育公平：内涵、标准与实现路径［J］. 教育与经济，2009（3）：10－14.

起点上的公平。农民工子女义务教育政策在入学机会上对农民工子女规定后，很多农民工子女获得能够在城市接受义务教育的机会，但其在城市接受义务教育的现状并不尽如人意，他们享有的教育资源与城市孩子之间存在一定差距，因此提高农民工子女接受义务教育的质量成为社会关注的重点。2001 年以后关于农民工子女的教育政策中，"两为主"教育政策规定农民工子女义务教育以流入地政府管理为主，以城市公办中小学为主。2010 年《纲要》还规定，要研究制定进城务工人员随迁子女接受义务教育后在当地参加升学考试的办法。这才能使得农民工子女与城市孩子平等地接受教育。从农民工子女义务教育政策的演变过程我们可以发现，在农民工子女、新闻媒体、知识分子等与政府互动的情况下，农民工子女义务教育政策不断得到修订（制定），政策的执行也是在这些主体的不断互动中完成的。政府在这个过程中的作用就是不断地与各个群体互动，不断地修订政策，平衡各方的利益，以更好地解决农民工子女义务教育问题，使农民工子女义务教育政策顺利地执行。

（原载《现代教育管理》2011 年第 4 期）

异地高考政策执行的困境与破解
——基于政策网络视角的研究

2012 年 8 月 30 日，国务院办公厅转发《关于做好进城务工人员随迁子女接受义务教育后在当地参加升学考试工作的意见》（以下简称《意见》），明确要求各地在 2012 年年底前出台具体方案，异地高考问题终于破冰。2013 年年初，随着海南省异地高考方案的公布，全国已有 29 个省（区、市）不同程度地公布了异地高考的"门槛"。2013 年高考如期举行，912 万考生参加，全国数千名随迁子女在异地考试。这意味着中国的教育公平又迈出了重要一步。然而"从官方已经披露的 10 个省份数据来看，一共仅有约 4800 名考生参加异地高考，这一数字与 912 万考生人数相比，仅占千分之五"❶，异地高考首年"遇冷"。随着各地异地高考方案的出台，各地异地高考的"门槛"相差很大，首年异地高考"遇冷"，引发了社会上的各种争议。学界更多地关注异地高考。从目前的研究来看，研究者更多地关注异地高考政策的内容及其效果的评价，而对异地高考政策形成的内在机制关注较少，尤其忽视了异地高考政策领域内各种政策主体之间相互作用的动态过程。然而，正是这种不同政策主体相互作用的动态过程影响和塑造了现有的异地高考政策。政策网络作为一种新型的教育政策分析工具，融合了传统教育政策

---

❶ 孙雪梅. 异地高考"破冰"首年遇冷［N］. 京华时报，2013－06－08（016）.

"自上而下"和"自下而上"的模式,拓展了教育政策分析的维度,强调教育政策制定和执行过程中多元利益主体之间的资源互赖和互动对政策结果的影响,因此笔者立足于政策网络的视角,探究归因异地高考政策执行的困境并研究对策,以推动异地高考政策的顺畅执行。

一、政策网络理论及其教育政策分析应用的可能性

政策网络理论兴起于 20 世纪 80 年代初,是社会组织学家将网络理论引入公共政策领域,以应对日益复杂的政策环境和多元化的相关利益主体的一种分析框架和研究途径,是对传统的整合主义和多元主义做出的反思和修正。不同于传统教育政策执行研究的阶段方法论思路,政策网络扬弃了阶段论的内在机理,将教育政策执行看作一个完整的过程,通过教育政策执行相关方的互动和结构关系来理解和把握教育政策执行,并预测教育政策结果,拓宽了教育政策执行研究的维度。在国家与社会关系方面,政策网络理论不再把国家与社会截然分开,强调国家与社会"碎片化""异质性"特征,国家与社会的边界也日趋模糊。对于政策研究,政策网络理论更是将政策研究的对象扩展到跨越层级政府和政府部门之间的涉及各种社会主体的跨组织的社会关系网络,从而扩大了政策执行研究的视野。

由于各国的经济发展、政治体制以及学术传统的差异,

学者们对政策网络本质的理解也是众说纷纭，形成了不同的理论派别，其中最具代表性的是英国学者罗茨对政策网络的研究。罗茨"依据网络成员的稳定性、限制性，与社会大众和其他网络的关系程度以及所拥有资源的特点等因素，把政策网络的各种类型按照整合程度由高到低列为一个谱系：政策社群、专业网络、府际网络、生产者网络和议题网络"❶。罗茨认为，政策网络的关键在于组织之间的结构性关系，而政策网络内部的决策过程其实就是参与者相互交换各种资源的过程。

"异地高考"是一个跨部门、跨地区、多层次的综合性政策议题，涉及许多教育利益主体。在异地高考政策执行过程中，各级政府部门、专家学者、考生、家长、学校以及大众媒体等多个政策行动主体，为了各自的利益诉求和表达形成了错综复杂的网络关系。在这个网络关系中，各政策主体拥有不同的资源（如权威、资金、正当性、信息、组织要素等），形成了复杂的利益关系结构，从而影响着异地高考政策的执行。毫无疑问，政策网络理论为我们理解异地高考政策执行过程提供了一个很好的分析工具。在高考领域内，各教育利益相关者在异地高考利益诉求过程中也逐渐形成了相互依赖的关系，并在这种不断加强的相互关系中结成了异地高考政策网络，政策网络中政策主体之间的关系及其结构影响着异地高考政策的制定、执行及效果。

---

❶ 林震．政策网络分析［J］．中国行政管理，2005（9）：36－39．

二、政策网络视角下异地高考政策执行的困境分析

异地高考问题产生的根本原因是我国不同地区教育资源的差异造成的教育利益之争，再加上高考制度本身的不完善更造成了异地高考难以实现。异地高考政策的根本价值取向是解决我国现阶段的教育不公平，而教育公平的实现主要在以下两个层次：一是受教育权利和机会的公平；二是教育资源的分配和教育服务的公平。由于目前我国的流动人口众多，涉及范围广，异地高考要在这两个层面解决教育公平问题的确是一件错综复杂的事情。面对复杂的利益需求，异地高考政策在制定和执行过程中涉及多个执行主体、多个层次、多个利益主体，这些利益主体之间的互动和关系形态形成了不同的政策网络类型和结构，深入影响着异地高考政策执行的效果。

（一）异地高考政策执行过程中形成的政策网络类型

根据罗茨对政策网络类型的研究，政策网络分为政策社群、专业网络、府际网络、生产者网络和议题网络。从我国的政策环境和异地高考政策发展的实际情况来看，罗茨的政策网络分类相对符合我国异地高考政策中各政策行动者之间所形成的网络关系。异地高考政策网络中涉及的教育政策行动者在宏观层面上主要有中央政府及教育部、财政部、公安

部等；在中观层面上的网络行动者主要包括各地方政府；在微观层面上的网络行动者主要包括流入地学校、高校、教育研究机构、专家学者、新闻媒体及学生等。依据罗茨界定的网络特性，各行动者之间的关系特征分别存在于五类网络中，即政策社群、专业网络、府际网络、生产者网络、议题网络。

（1）政策社群。在异地高考政策网络中，政策社群的主体是中央政府、教育部、财政部、公安部和国家发展改革委等部门。政策社群主要是基于教育公平的理念，从全局利益出发，积极倡导异地高考政策的推行，在政策网络系统中处于核心地位。

（2）专业网络。异地高考政策网络中，专业网络的政策主体是专业学者和教育学家。他们主要是基于自己的专业优势和专业技能，结合异地高考政策制定的政策环境及政策执行的阻碍等提出专业性的建议，为政府部门更科学地做出决策提供参考。

（3）府际网络。府际网络主要是各地方政府，其既是异地高考政策具体的制定者，也是执行者。

（4）生产者网络主要是指各流入地学校，是学生学习的地方，是直接的产出者。

（5）议题网络主要包括考生、家长、高校和新闻媒体等，其所占有的社会资源不同，在异地高考政策网络中发展较早，但发展水平较低，群体庞大且复杂，关系松散，结构程度不高。

（二）异地高考政策的网络关系及其执行的困境

肯尼思·J. 本森（Kenneth J. Benson）指出，政策网络是"由于资源相互依赖而联系在一起的一群组织或者若干群组织的联合体"❶。彼得森（Peterson J.）等人则认为，政策网络是"在特定政策部门拥有各自的利益或'股份'，并且有能力推动政策成功或者导致政策失败的一群（政策）主体"❷。可见，政策网络与资源、利益和政策过程有关。政策网络之于教育政策执行而言，教育政策执行的过程实际上就是各政策行动者之间互动的过程。各政策行动者之间因资源相互依赖而形成不同的政策网络类型，各政策网络的关系和结构深深影响着政策执行的效果。异地高考政策执行能否顺畅，主要是看各政策网络类型之间的关系程度如何，因此厘清异地高考政策网络中各网络类型之间的关系十分重要。运用政策网络理论分析各政策行动主体之间的关系及其结构，异地高考政策执行面临的困境主要有以下几个。

（1）政策社群、府际网络、生产者网络之间权责分配不均衡。随着我国社会的转型，国家逐渐向地方政府放权，但在异地高考问题上中央政府和地方政府的权责分配不均衡。中央政府及教育部等部门出台相关政策，规定了地方政府出

---

❶ BENSON K J. A framework for policy analysis interorganizational coordination: theory research and implementation [C]. Iowa State University Press, 1982: 137 – 176.

❷ 朱亚鹏. 政策网络分析：发展脉络与理论建构 [J]. 中山大学学报（社会科学版），2008（5）：192 – 199.

台异地高考政策的时间和准入门槛，政策的制定要结合家长、学生和所在地的实际情况，接着将异地高考政策的决策权交给了地方政府。从全国公布的 29 份异地高考政策方案来看，各地的异地高考政策更多地维护或扩大本地利益，如北京、上海、广东三地，由于经济发达，高等教育资源相对丰富，人口流入也相对较多，因此异地高考"门槛"的设置相对较高。

在责任分配方面，我国现行的义务教育财政体制是"国家办学、分级管理"，中央政府拥有强大的财力并更多地把教育投入集中在高等教育领域，而地方政府财力相对薄弱且承担义务教育的投入。在异地高考政策出台后，作为生产者网络的流入地学校面临着较大的压力，他们必须接收更多的非户籍考生，相应地就需要更多的教学设备和师资力量，给流入地政府的管理带来一定挑战。

但是，异地高考又是一个关系到国家长远教育战略实现、经济持续发展的问题。相关统计表明，我国当前进城务工人员总数近 2.3 亿人，其背后是超过 1400 万的随迁子女❶。这一庞大的群体能否平等地接受高质量教育具有重要意义。因此，作为政策社群的中央政府必须立足整体，综合社会经济和教育发展因素，积极推动异地高考政策以维护国家整体利益。而地方政府必须和中央政府保持一致，但又要尽可能地利用现有资源争取自身利益的最大化。

---

❶ 我国农民工工作与"十二五"发展规划纲要研究课题组. 中国农民工供给态势与"十二五"时期走向 [J]. 改革，2010（9）：5 - 14.

（2）府际网络与议题网络之间的互动。政策网络理论认为，各政策行动者之间的关系结构直接影响政策执行的效果，在政策网络中越是资源密集的网络，其开放程度越低，但网络内部协调性较强，外部排斥性就越高。[❶] 在异地高考政策执行过程中，那些高考资源相对丰富的地区的教育行政部门为最大限度地维护本地区的教育利益，减小压力，会联合议题网络中的本地部分学者、研究机构、媒体、市民等形成利益群体，从而影响本地区异地高考政策制定的细则和执行策略。同时，议题网络中的另一部分非户籍人群会向一些专家学者、教育研究机构和媒体寻求帮助，通过学术杂志、网络媒体等形成舆论，对异地高考政策执行中的问题进行评判，以引起政策社群的关注，对府际网络及其利益群体形成舆论压力，从而维护议题网络中非户籍考生异地高考的利益。

（3）议题网络行动主体之间互动不足且内部分化明显。议题网络具有成员人数多，结构松散的特征。政策网络理论认为，政策过程的本质是公共和私人行动者互动的结果。政策网络的开放程度越高，成员互动就越频繁，这样就越有利于政策的执行。在异地高考政策网络中，政策社群、府际网络和专业网络之间的互动较为明显，如专业网络中的专家学者基于自身的专业知识积极向政策制定部门提出建议，而政策社群中的教育部就异地高考问题经常与府际网络中的地方

---

❶ LAR CARLSON. Policy networks as collective action ［J］. Policy studies journal，2000，28（3）：502－520.

政府研究讨论。而异地高考政策网络中的生产者网络和议题网络的政策行动者之间的互动相对较少。议题网络中的政策行动者主要是户籍和非户籍考生、家长等。而政策社群中的中央政府与府际网络中的地方政府在制定和执行异地高考政策时，主要是向专业网络咨询，形成了一个相对封闭的网络系统，其对外排斥性很强，而处于议题网络中的政策行动者难以进入。

政策行动者之间关系越紧密，在政策过程中越有利于实现利益目标和诉求。但是在异地高考政策网络中，议题网络中的户籍考生家长和非户籍考生家长之间的关系是比较松散的，其根本原因是他们都要维护自己孩子（考生）的权益。作为分配型的政策，增加非户籍考生异地高考机会的同时，也会影响户籍考生的一些教育利益，所以考生家长也会利用各自的资源对教育行政部门施加影响，以表达自己的利益诉求。

异地高考政策中的直接利益相关者是非户籍考生和其家长，但非户籍考生家长在异地高考政策网络中相对处于弱势，因而作为直接利益相关者的非户籍考生也处于弱势。在政策执行过程中，如果直接利益相关的政策行动者之间互动较少，并处于弱势，则不利于异地高考政策的科学制定和顺畅执行。

三、政策网络视角下异地高考政策执行困境的破解

异地高考政策执行难已是存在的事实，那么异地高考政

策执行难在什么地方。有学者曾经指出："'异地'的基础教育资源承载力、相应配套的医疗设施、财政拨款，甚至当地交通等等，都是异地高考背后'牵一发而动全身'的工作。"❶ 异地高考不是一项单纯的教育改革，而是涉及就业、住房、社保、公共服务和人口管理等方面的问题，其复杂性不言而喻。从政策网络的视角来看，异地高考政策执行困境破解的关键在于改变不顺畅的网络关系，通过网络再造打开封闭的网络，加强政策网络中各行动者之间的互动，建立合作与协调机制。

（一）坚持公平价值取向，调整政策社群与府际网络之间的权责分配

异地高考是一个涉及几亿随迁人员子女在流入地升学的问题，"异地高考政策要解决的根本问题就是使随迁子女能在流入地获得平等的升学机会"❷，但在全国 29 份异地高考政策方案公布后，异地高考"门槛"的差异较大。各地异地高考"门槛"大多要求家长要有"稳定的工作、稳定的住所、稳定的收入、各种保险"。这些条件看似简单，但是对于大多数流动人口来说恰恰是不易达到的。21 世纪教育研究院院长熊丙奇在谈到异地高考"门槛"时说："异地高考应

---

❶ 于灵. 教育部为何推不动京沪粤异地高考？［J］. 中国经济周刊，2012（47）：17.

❷ 李慧，杨颖秀. 如何破解异地高考政策难题［J］. 国家教育行政学院学报，2013（2）：20－23.

该限制学生学籍，而不是对他们父母的居住条件、社保缴纳条件再提要求。"❶ 这些高考"门槛"使许多随迁人员子女因其父母不满足条件而得不到平等的升学机会。"门槛"不是异地高考政策的初衷，也不能从根本上解决异地高考问题。

政策社群与府际网络之间权责分配不均是异地高考政策执行难的重要原因之一。随着社会经济的发展，中央政府的权力逐渐下放给地方政府。在异地高考政策过程中，中央政府将决策权大多下放给地方政府，这可能会使地方政府为维护本地利益而过度使用自由裁量权。从全国公布的异地高考政策方案来看，各地政策更多地维护或扩大本地的教育利益，所以中央政府应该从整体上制定异地高考准入条件的基本框架，并且限制条件应该主要与考生相关。同时，在教育投入、责任方面，应重新平衡中央与地方的教育责任与教育投入的关系，加大对义务教育财政的投入，以保障生产者网络在办学中经费充足，从而促进教育过程的公平。

（二）打开封闭的政策网络，增强各政策行动者之间的互动

政策网络理论认为，网络开放与封闭的程度直接影响政策效果，政策网络越开放，越有利于教育政策的执行。在异地高考政策网络中，政策社群、府际网络和专业网络之间的

---

❶ 任鹏，马云云. 异地高考成新一轮的"拼爹"？［N］. 生活日报，2013－03－05（A15）.

互动较为频繁，在异地高考政策制定过程中形成了一个相对封闭的网络，但它们与议题网络的互动相对较少，而作为生产者网络行动主体的流入地学校更少参与政策网络，几乎没有与其他网络主体进行交流互动。这为异地高考政策的执行设置了障碍。一项政策的顺利执行正是利益相关者频繁沟通和协调的结果，而在异地高考政策过程中全国各省份中只有湖南省、云南省和安徽省政府向社会公开征集意见，其他省份并未向政策对象征求意见。由此看来，异地高考政策利益相关者明显缺少交流和沟通。这不利于异地高考政策的顺畅执行。

政策网络理论认为，政府与社会的关系不再是二元分离的，政府在政策网络中的作用主要是协调。"政府在政策网络中的作用就是有效的网络管理，通过协商有效调节不同政策主体的具体目标，能够加强政策主体之间的信息沟通、交流和共享，增强彼此的信任，能更好地激励各政策行动者积极参与教育事业，动员和调动各种资源到教育政策网络之中，减少多元互动带来的不稳定，创造协同效应，以促进公共教育问题的解决"❶，因此在异地高考政策执行过程中中央政府应加强与地方政府的互动，特别是要加强与生产者网络和议题网络中行动主体的互动，建立有效的协商机制，推动异地高考政策的顺畅执行。

---

❶ 邓凡. 教育政策执行的网络模式 [D]. 长春：东北师范大学，2008.

（三）合理调整府际网络中各行动主体的教育利益

处于府际网络的地方政府的自我利益维护是异地高考政策执行难的原因之一。由于我国高等教育资源分布不均，为了维护本地考生的权益，地方政府在制定异地高考政策的时候可能会对异地考生设置一定条件。教育资源在短期内无法实现地方均衡配置，多数异地高考政策方案是在原有的高考制度框架内增加流入地考生人数，这会不同程度地影响本地考生的利益。在这种情况下，若在不影响本地考生利益的同时又使外来务工人员子女异地高考的需求得到满足，建议可以省为单位，全国统一分配招生名额比例，也就是说无论考生选择在哪个省份考试，只占用原省份名额，不占所在考试省份的名额，由所在考试省份负责统计报考人数、区分不同的省籍，流入地省份增加多少名额，原来省份就减去相应的名额，这样就不会太多影响本地考生的权益，也能更好地平衡教育利益。但是，要从根本上消除地方保护主义，还需要改革户籍制度，加大对教育的投入，完善教育基础设施建设，创设平等的受教育环境，从根本上推动教育公平。

（四）赋予议题网络中政策行动者表达的权利

各政策行动者通过参加异地高考政策执行，表达自己的教育利益诉求，是一种合法有序的参与行为。由于非户籍考生家长大多处于劣势地位，在异地高考政策执行中缺少交流和表达权利的机会。政策网络理论认为，政策网络的开放有利于政策行动者利益的表达。在异地高考政策执行过程中，为了更好地使相关利益行动者参与政策执行，各地政府要为非户籍考生家长创造表达诉求的机会。

对于议题网络中的高校，政府一方面要给予高校招生的自主权，并建立一定的监督机制来规范高校自主招生政策；另一方面规范高校在本地生源与外地生源中招生的指标比例。据有关调查显示，我国教育部直属高校在招生过程中存在"地方化"现象，有的高校当地生源比例超过70%❶。这使得外地生源难上名校。虽然教育部早在 2009 年就已经规定部署高校本地招生比例不能超过30%，但近年一些高校在本地的招生生源比例没有明显变化，所以在国家层面应该制定并执行相关的招生政策，加强监督管理规范高校招生指标的配比。

在异地高考政策网络中，只有打开封闭的政策网络，均衡配置教育资源，使各政策行动者充分表达教育诉求，通过频繁的互动打破异地高考政策执行的困境，才能降低异地高考政策的执行成本，推动异地高考政策的顺畅执行，从而进一步实现教育公平。

（原载《教育发展研究》2014 年第 5 期）

---

❶ 邓兴军. 部属高校"地方化"严重，当地生源比例超70% ［N］. 北京青年报，2009－09－25（A2）.